小学语文新课标必读丛书

中外名人名言

Zhongwaimingrenmingyan

主编 李筱华

WUHAN UNIVERSITY PRESS
武汉大学出版社

图书在版编目(CIP)数据

中外名人名言 / 李筱华主编. — 武汉:武汉大学出版社,2013.6

(小学语文新课标必读丛书. 会飞的课本)

ISBN 978-7-307-11058-8

Ⅰ. ①中… Ⅱ. ①李… Ⅲ. ①格言—世界—青年读物 ②格言—世界—少年读物 Ⅳ. ①H033-49

中国版本图书馆 CIP 数据核字(2013)第 125430 号

责任编辑:郭志安 程佩

出版发行:武汉大学出版社 (430072 武昌 珞珈山)

(网址 www.wdp.com.cn)

印 刷:湖北省云梦县鑫光印刷有限公司

开 本:880×1230 1/32 印 张:7.125 字 数:180 千字

版 次:2013 年 10 月第 1 版 2014 年 2 月第 2 次印刷

ISBN 978-7-307-11058-8 定 价:13.80 元

前言

Qianyanqianyan

名人名言，一句一句的，犹如散落在浅浅沙滩上的五彩贝壳，有的珍藏智者睿智深刻的声音，有的收藏仁者宽容豁达的语言，有的收集老者饱经沧桑的话语……“希望本是无所谓有，无所谓无的。这正如地上的路：其实地上本没有路，走的人多了，也便成了路。”这是鲁迅关于希望方面的名言；“书是人类进步的阶梯，终生的伴侣，最诚挚的朋友。”这是高尔基关于书籍方面的名言；“有志者，事竟成，破釜沉舟，百二秦关终属楚；苦心人，天不负，卧薪尝胆，三千越甲可吞吴。”这是蒲松龄关于立志方面的名言……

这本《中外名人名言》收集了四个方面的至理名言：理想与人生、道德与修养、学习与求知、生活与情感。每个方面又细分了许多小类，让你对各方面的名言一目了然。这本书里还有古今中外许多名人的头像，图文并茂，不仅让你获得丰富的知识，还让你更加形象地认识这些古贤先哲。

这本书适合低年级的你来阅读，为了让你可

以进行自主阅读，也为了从小规范你的普通话，我们加注了拼音，这对你养成讲普通话的好习惯有一定的帮助。

顽皮的你是不是曾经在沙滩上拾取那一个个美丽的贝壳？希望你在《中外名人名言》这本书中找到你喜欢的那些贝壳，倾听他们的声音，听他们娓娓道来。一方面与他们进行心灵的对话，另一方面与自己进行对话，扬长避短，快乐成长！

会飞的课本 目录

Concents

理想与人生

lǐ xiǎng
理想

zhǐ yào yí gè rén hái yǒu suǒ zhuī qiú, tā jiù méi yǒu lǎo. zhí dào hòu huǐ qǔ dài le mèng xiǎng, tā cái suàn lǎo.

只要一个人还有所追求，他就没有老。直到后悔取代了梦想，他才算老。

bā lǐ mù ěr
——巴里穆尔

qīng nián rén a, rè ài lǐ xiǎng ba, chóng jìng lǐ xiǎng ba. lǐ xiǎng shì shàng dì de yǔ yán. gāo yú yí qiè guó jiā hé quán rén lèi de, shì jīng shén de wáng guó, shì líng hún de gù xiāng.

青年人啊，热爱理想吧，崇敬理想吧。理想是上帝的语言。高于一切国家和全人类的，是精神的王国，是灵魂的故乡。

mǎ zhì ní
——马志尼

如果一个人的头上缺少一颗指路明星——理想，那他的生活将会是醉生梦死的。

——苏霍姆林斯基

我们仍然相信，理想能够拯救世界。只有在人们不再怀抱理想的时候，灾难才会降临。

——斯特兹·特克尔

朗费罗，美国诗人，一生创作了大量的抒情诗、歌谣、叙事诗和诗剧。

一个人活着没有个理想，那才真是可怜哪！

——屠格涅夫

要想射中靶，必须瞄准比靶略为高些，因为脱弦之箭都受到地心引力的影

xiǎng zhè jiù shì lǐ xiǎng yǔ xiàn shí
响。这就是理想与现实。

lǎng fèi luó
——朗费罗

zhī shi yù de mù dì shì zhēn dào dé yù de mù dì shì shàn měi yù de mù dì shì měi zhēn shàn měi jí rén jiān lǐ xiǎng
知识欲的目的是真，道德欲的目的是善，美欲的目的是美。真善美，即人间理想。

hēi tián péng xìn
——黑田鹏信

lǐ xiǎng shì zhǐ lù míng dēng méi yǒu lǐ xiǎng jiù méi yǒu jiān dìng de fāng xiàng méi yǒu fāng xiàng jiù méi yǒu shēng huó
理想是指路明灯。没有理想，就没有坚定的方向；没有方向就没有生活。

tuō ěr sī tài
——托尔斯泰

yí gè rén de lǐ xiǎng yuè chóng gāo shēng huó yuè chún jié
一个人的理想越崇高，生活越纯洁。

fú ní qì
——伏尼契

rén de huó dòng rú guǒ méi yǒu lǐ xiǎng de gǔ wǔ jiù huì biàn de kōng xū ér miǎo xiǎo
人的活动如果没有理想的鼓舞，就会变得空虚而渺小。

chē ěr ní xuě fū sī jī
——车尔尼雪夫斯基

rú guǒ nǐ xiǎng zǒu dào gāo chù jiù yào shǐ yòng zì jǐ de
如果你想走到高处，就要使用自己的
liǎng tiáo tuǐ bú yào ràng bié rén bǎ nǐ tái dào gāo chù bú
两条腿！不要让别人把你抬到高处；不
yào zuò zài bié rén de bèi shàng hé tóu shàng
要坐在别人的背上和头上。

ní cǎi
——尼采

rén lèi de xīn líng xū yào lǐ xiǎng shèn yú xū yào wù zhì
人类的心灵需要理想，甚于需要物质。

yǔ guǒ
——雨果

lǐ xiǎng bú shì yì zhī xì cí wǎn pò suì le bù néng jū
理想不是一只细瓷碗，破碎了不能锔
bǔ lǐ xiǎng shì duǒ huā xiè luò le kě yǐ chóng xīn kāi fàng
补；理想是朵花，谢落了可以重新开放。

liú xīn wǔ
——刘心武

lǐ xiǎng jì shì huā duǒ nà tā
理想既是花朵，那它
jiù suàn zài yàn lì yě zhōng huì xiè luò
就算再艳丽也终会谢落。

liú xīn wǔ
——刘心武

lǐ xiǎng yóu rú tiān shàng de xīng
理想犹如天上的星
xing wǒ men yóu rú shuǐ shǒu suī
星，我们犹如水手，虽

bù néng dào dá tiān shàng dàn shì wǒ men de háng chéng kě píng tā
不能到达天上，但是我们的航程可凭它
zhǐ yǐn
指引。

shū ěr cí
——舒尔茨

wǒ men xiàn zài tán dào de shēng huó de lǐ xiǎng jiù shì wèi
我们现在谈到的生活的理想，就是为
le lǐ xiǎng shēng huó
了理想生活。

zhāng wén tiān
——张闻天

lǐ xiǎng yǔ xiàn shí zhī jiān dòng jī yǔ xíng wéi zhī jiān
理想与现实之间，动机与行为之间，
zǒng yǒu yí dào yīn yǐng
总有一道阴影。

ài lüè tè
——艾略特

lǐ xiǎng jiù shì shēng mìng fèn dòu jiù shì shēng huó
理想就是生命，奋斗就是生活。

gē dé
——歌德

shì shàng méi yǒu bǐ jiǎo gèng cháng de lù yě méi yǒu bǐ rén
世上没有比脚更长的路，也没有比人
gèng gāo de shān
更高的山。

bā sī dé
——巴斯德

目标

最弱的人，集中其精力于单一目标，也能有所成就；反之，最强的人，分心于太多事务，可能一无所成。

——卡莱尔

人生的真正欢乐是致力于一个自己认为是伟大的目标。

——萧伯纳

生命里最重要的事情是要有个远大的目标，并借助才能与坚毅来完成它。

——歌德

活着不能没有抱负，不然就会感到空虚。所以你要习惯于探察每一处缝隙和

měi yí gè kēng xué yě xǔ cóng zhōng néng fā jué chū duì nǐ yǒu yòng
每一个坑穴，也许从中能发掘出对你有用
de zhēn lǐ nǐ yào yǒng gǎn de qù shēng huó bú yào táo bì nà
的真理。你要勇敢地去生活，不要逃避那
xiē bú kuài de kě pà de dōng xi bú kuài hé kě pà dōu shì
些不快的、可怕的东西，不快和可怕都是
yóu yú bù lǐ jiě
由于不理解。

gāo ěr jī
——高尔基

rén men suǒ nǔ lì zhuī qiú de yōng sú de mù biāo
人们所努力追求的庸俗的目标——
cái chǎn xū róng shē chǐ de shēng huó wǒ zǒng jué de dōu
财产、虚荣、奢侈的生活——我总觉得都
shì kě bǐ de
是可鄙的。

ài yīn sī tǎn
——爱因斯坦

yí gè rén rú guǒ zài mǒu yì tiān nèi chén jìng de bào zhe
一个人如果在某一天内沉静地抱着
wěi dà de mù biāo gōng zuò zhe zhè yì tiān jiù shì wèi jì niàn
伟大的目标工作着，这一天就是为纪念
tā ér shè de
他而设的。

ài mò shēng
——爱默生

shēng huó zhōng yǒu jiàn míng zhì shì jiù shì jīng shén jí zhōng
生活中有件明智事，就是精神集中；

yǒu yí jiàn huài shì jiù shì jīng lì huàn sàn
有一件坏事，就是精力涣散。

ài mò shēng
——爱默生

wěi dà de jīng lì zhǐ shì wèi le wěi dà de mù dì ér chǎn shēng de
伟大的精力只是为了伟大的目的而产生的。

sī dà lín
——斯大林

zǒu zì jǐ de lù ràng bié rén qù shuō ba
走自己的路，让别人去说吧！

lǔ xùn
——鲁迅

yòng bú zhèng dàng shǒu duàn dá dào de mù dì bú shì zhèng dàng de mù dì
用不正当手段达到的目的，不是正当的目的。

mǎ kè sī
——马克思

鲁迅，原名周树人，字豫才，现代文学家、思想家、革命家。

bǒ zú ér bù mí lù néng gǎn shàng suī jiàn bù rú fēi dàn wù rù qí tú de rén
跛足而不迷路，能赶上虽健步如飞但误入歧途的人。

péi gēn
——培根

zhèng què de dào lù shì zhè yàng chéng jiē nǐ de qián bèi suǒ zuò de yí qiè rán hòu zài wǎng qián zǒu
正确的道路是这样，承接你的前辈所做的一切，然后再往前走。

tuō ěr sī tài
——托尔斯泰

yí gè hǎo de mù biāo jué bú huì yīn wèi màn mān lái ér luò kōng
一个好的目标绝不会因为慢慢来而落空。

lín kěn
——林肯

lǐ xiǎng jiù xiàng xīng xing jǐn guǎn wǒ men yǒng yuǎn dào bù liǎo nà er dàn wǒ men què xiàng shuǐ shǒu yí yàng kào tā men lái zhǐ yǐn háng xiàng
理想就像星星——尽管我们永远到不了那儿，但我们却像水手一样，靠它们来指引航向。

shū ěr cí
——舒尔茨

líng hún rú guǒ méi yǒu què dìng de mù biāo tā jiù huì sàng shī zì jǐ yīn wèi sú yǔ shuō de hǎo wú suǒ bú zài děng yú wú suǒ zài
灵魂如果没有确定的目标，它就会丧失自己，因为，俗语说得好，无所不在等于无所在。

méng tián
——蒙田

yí gè rén zài zhuī qiú jì dìng de mù biāo gēn zhāo sī mù
一个人在追求既定的目标跟朝思暮
xiǎng de néng gòu dài lái xìng fú shí kè de gǎn qíng gòng míng de
想的、能够带来幸福时刻的感情共鸣的
shí hou huì jué de shēng huó zhōng méi yǒu kè fú bù liǎo de zhàng ài
时候，会觉得生活中没有克服不了的障碍。

wǎ xī liè fū
——瓦西列夫

bào fù yǒng yuǎn shì yì zhǒng huān lè yì zhǒng rú dì chǎn yì
抱负永远是一种欢乐，一种如地产一
bān kě kào de cái chǎn
般可靠的财产。

shǐ dì wén sēn
——史蒂文森

xìn niàn
信念

xìn niàn shì niǎo tā zài lí míng réng rán hēi àn zhī jì
信念是鸟，它在黎明仍然黑暗之际，
gǎn jué dào guāng míng chàng chū le gē
感觉到光明，唱出了歌。

tài gē ěr
——泰戈尔

gé mìng jiù xiàng huǒ yí yàng rèn píng dà xuě fēng shān niǎo
革命就像火一样，任凭大雪封山，鸟
shòu cáng jì zhǐ yào wǒ men yǒu huǒ zhǒng jiù néng qū gǎn yán
兽藏迹，只要我们有火种，就能驱赶严

请将不干胶对号入座，贴在正文中相应的位置。

朗费罗

鲁迅

孙中山

恩格斯

毛泽东

拿破仑

hán dài lái guāng míng hé wēn nuǎn
寒，带来光明和温暖。

yáng jìng yǔ
——杨靖宇

yí gè rén zuì dà de zuì guò zài yú zì bào zì qì yí gè rén zuì dà de dí rén jiù shì méi yǒu xìn niàn
一个人最大的罪过在于自暴自弃，一个人最大的敌人就是没有信念。

luó màn luó lán
——罗曼·罗兰

zǒu nǐ zì jǐ de lù bú yào jiè yì rén men shuō xiē shén me
走你自己的路，不要介意人们说些什么。

mǎ kè sī
——马克思

jiān qiáng de xìn niàn néng yíng dé qiáng zhě de xīn bìng shǐ tā men biàn de gèng jiān qiáng
坚强的信念能赢得强者的心，并使他们变得更坚强。

bái zhé tè
——白哲特

xìn niàn bú shì dào chù qù xún zhǎo gù kè de xīn chǎn pǐn
信念不是到处去寻找顾客的新产品

tuī xiāo yuán tā yǒng yuǎn yě bú huì zhǔ dòng de qù qiāo nǐ de
推销员，它永远也不会主动地去敲你的
dà mén
大门。

zhào xīn shān
——赵鑫珊

yǐ lì yì wéi zhǔ de zhèn yíng lǎo shì huì dòng yáo de dàn
以利益为主的阵营老是会动摇的，但
yǐ xìn niàn wéi zhǔ de shì fēn huà bù liǎo de
以信念为主的是分化不了的。

bā ěr zhā kè
——巴尔扎克

xìn niàn de gù dìng xìng bù jǐn kě néng fǎn yìng sī wéi de
信念的固定性不仅可能反映思维的
yí guàn xìng ér qiě hái kě néng fǎn yìng sī xiǎng de duò xìng
一贯性，而且还可能反映思想的惰性。

kè liú qiē fū sī jī
——克留切夫斯基

zuì zhǔ yào de shì qing shì zài yú shǐ zhōng rú yī de zhōng
最主要的事情是在于始终如一地忠
yú zì jǐ de mù dì ér bú zài yú shēng huó shàng dú shù yí zhì
于自己的目的而不在于生活上独树一帜。

hēi gé ěr
——黑格尔

jué wàng hé xìn niàn dōu hōng zǒu kǒng bù
绝望和信念都轰走恐怖。

yà lì shān dà
——亚历山大

huái yí bìng bú shì xìn niàn de duì lì miàn ér shì xìn niàn
怀疑并不是信念的对立面，而是信念
de yí gè zǔ chéng bù fen
的一个组成部分。

dì lì xī
——蒂利希

xìn niàn shì zài lí míng qián de hēi àn zhōng yǐ gǎn jué dào
信念是在黎明前的黑暗中已感觉到
guāng míng de niǎo
光明的鸟。

tài gē ěr
——泰戈尔

sī xiǎng huì yǒu fǎn fù xìn niàn jiān dìng bù yí shì shí
思想会有反复；信念坚定不移，事实
yí qù jiù bú fù fǎn
一去就不复返。

gē dé
——歌德

wǒ men yīng gāi zàn měi yán shí de jiān dìng wǒ men yīng
我们应该赞美岩石的坚定。我们应
gāi xué xí yán shí de jiān dìng wǒ men yīng gāi duì gé mìng yǒu
该学习岩石的坚定。我们应该对革命有
zhe jiān qiáng de xìn niàn
着坚强的信念。

táo zhù
——陶铸

wǒ men tóu nǎo zhōng yǒu gù dìng de xìn niàn hé què qiè xiàn
我们头脑中有固定的信念和确切、现

实的目标，也就无暇去做那不着边际的迷梦，更没有精力去幻想中遨游。

——莫洛亚

在行进时，也时时有人退伍，有人落荒，有人颓唐，有人叛变，然而只要无碍于行进，则愈到后来，这队伍也就愈成为纯粹、精锐的队伍了。

——鲁迅

几个苍蝇咬几口，绝不能羁留一匹英勇的奔马。

——伏尔泰

坚持你的主义，主义重于生命；宁愿生命消失，只要声誉能够留存。

——裴多菲

fù guì bù néng yín pín jiàn bù
富贵不能淫，贫贱不
néng yí wēi wǔ bù néng qū
能移，威武不能屈。

mèng kē
——孟轲

yǒng gǎn hé bì shèng de xìn
勇敢和必胜的信
niàn cháng shǐ zhàn dòu dé yǐ shèng lì
念常使战斗得以胜利
jié shù
结束。

ēn gé sī
——恩格斯

恩格斯，德国思想家、哲学家、革命家，马克思主义的创始人之一。

rú guǒ bǎ rén shēng bǐ zhī wéi gàng gǎn xìn niàn zé hǎo xiàng
如果把人生比之为杠杆，信念则好像
shì tā de zhī diǎn jù bèi zhè gè qià dàng de zhī diǎn
是它的“支点”，具备这个恰当的支点，
cái kě néng chéng wéi yí gè qiáng ér yǒu lì de rén
才可能成为一个强而有力的人。

bó yì bō
——薄一波

zhàn shì shì bù zhī dào wèi suō de tā de jiǎo bù hěn
战士是不知道畏缩的。他的脚步很
jiān dìng tā kàn dìng mù biāo biàn yì zhí xiàng qián zǒu qù
坚定。他看定目标，便一直向前走去。
tā bú pà bèi bàn jiǎo shí shuāi dǎo méi yǒu yì zhǒng zhàng ài néng
他不怕被绊脚石摔倒，没有一种障碍能

shǐ tā gǎi biàn xīn si
使他改变心思。

bā jīn
——巴金

rú guǒ yào zhēn zhèng de shēng huó, yí gè rén méi yǒu xìn niàn
如果要真正地生活，一个人没有信念
shì huó bù liǎo de
是活不了的。

gé lǐ gē lǐ · mài dēng sī jī
——格里戈里·麦登斯基

jiāng lái shèng lì zhī rì, wǒ men kě néng huó zhe, kě néng
将来胜利之日，我们可能活着，可能
yǐ sǐ qù, dàn wǒ men de gāng lǐng shì yǒng cún de, tā jiāng shǐ
已死去，但我们的纲领是永存的，它将使
quán rén lèi huò dé jiě fàng
全人类获得解放。

lǐ bǔ kè nèi xī
——李卜克内西

wèi le zhēng qǔ jiāng lái de měi hǎo ér xī shēng le de rén,
为了争取将来的美好而牺牲了的人，
dōu shì yì zūn shí zhì de diāo xiàng
都是一尊石质的雕像。

fú qì kè
——伏契克

xìn niàn shì yóu yì zhǒng yuàn wàng chǎn shēng de, yīn wèi yuàn yì
信念是由一种愿望产生的，因为愿意
xiāng xìn cái huì xiāng xìn, xī wàng xiāng xìn cái huì xiāng xìn, yǒu yì
相信才会相信，希望相信才会相信，有一

zhǒng lì yì suǒ zài cái huì xiāng xìn
种利益所在才会相信。

sī tè lín bǎo
——斯特林堡

fèn dòu
奋斗

rén lèi bǎ lì shǐ kàn chéng zhàn dòu de lián xù wèi shén me ne yīn wèi zhí dào jīn tiān tā men hái rèn wéi dòu zhēng shì rén shēng de zhǔ yào dōng xi
人类把历史看成战斗的连续，为什么呢？因为直到今天，他们还认为斗争是人生的主要东西。

qì hē fū
——契诃夫

wán chéng wěi dà de shì yè bú zài yú tǐ lì ér zài yú jiān rèn bù bá de yì lì
完成伟大的事业不在于体力，而在于坚韧不拔的毅力。

yuē hàn xùn
——约翰逊

wèi yuán zé ér dòu zhēng yào bǐ shí jiàn gāi yuán zé gèng róng yì
为原则而斗争要比实践该原则更容易。

shǐ dì wén sēn
——史蒂文森

rén zài tā de lì shǐ zhōng biǎo xiàn bù chū tā zì jǐ tā
人在他的历史中表现不出他自己，他

zài lì shǐ zhōng fèn dòu zhe lù chū tóu jiǎo
在历史中奋斗着露出头角。

tài gē ěr
——泰戈尔

yòng yì zhī gān jìng de shǒu hé yì kē chún jié de xīn qù zhàn dòu yòng zì jǐ de shēng mìng fā yáng shén shèng de zhèng yì zhè zhēn shì yōu měi de shì qing
用一只干净的手和一颗纯洁的心去战斗，用自己的生命发扬神圣的正义，这真是优美的事情。

luó màn luó lán
——罗曼·罗兰

zhǐ yǒu zhè yàng de rén cái pèi shēng huó hé zì yóu jiǎ rú tā měi tiān wèi zhī ér fèn dòu
只有这样的人才配生活和自由，假如他每天为之而奋斗。

gē dé
——歌德

rén zhǐ yào fèn dòu jiù huì fàn cuò wù
人只要奋斗就会犯错误。

gē dé
——歌德

wǒ men yīng dāng nǔ lì fèn dòu yǒu suǒ zuò wéi zhè yàng wǒ men jiù kě yǐ shuō wǒ men méi yǒu xū dù nián
我们应当努力奋斗，有所作为。这样，我们就可以说，我们没有虚度年

huá bìng yǒu kě néng zài shí jiān de shā tān shàng liú xià wǒ men
华，并有可能在时间的沙滩上留下我们

de zú jì
的足迹。

ná pò lún
——拿破仑

wǒ men bù néng kòng zhì shēng huó dàn shì wǒ men néng gòu hé
我们不能控制生活，但是我们能够和

tā dòu zhēng
它斗争。

gāo ěr sī huá suí
——高尔斯华绥

tiān cái zhǐ yì wèi zhe zhōng shēn bú xiè de nǔ lì
天才只意味着终身不懈地努力。

mén jié liè fū
——门捷列夫

shēng huó jiù shì xíng dòng ér xíng dòng jiù shì dòu zhēng
生活就是行动，而行动就是斗争。

bié lín sī jī
——别林斯基

fèn dòu zhè yí jiàn shì shì zì yǒu rén lèi yǐ lái tiān tiān
奋斗这一件事是自有人类以来天天

bù xī de
不息的。

sūn zhōng shān
——孙中山

shì jiè shàng méi yǒu zhí lù yào zhǔn bèi zǒu qū zhé de
世界上没有直路，要准备走曲折的

lù bú yào tān pián yi
路，不要贪便宜。

máo zé dōng
——毛泽东

rén yì wǎng xià pō huá jiù bú huì zài zǒu shàng pō le yě
人一往下坡滑就不会再走上坡了，也
bú huì zhàn zài yuán dì bú dòng
不会站在原地不动。

qiáo zhì ài lüè tè
——乔治·艾略特

毛泽东，字润之，伟大的无产阶级革命家、理论家和诗人。

fèn dòu shì wàn wù zhī fù
奋斗是万物之父。

táo xíng zhī
——陶行知

hòu huǐ guò qù bù rú fèn dòu jiāng lái
后悔过去，不如奋斗将来。

mǎ kè sī
——马克思

rú guǒ dòu zhēng shì zài jí shùn lì de chéng gōng jī huì de tiáo jiàn xià cái zhuó shǒu jìn xíng nà me chuàng zào shì jiè lì shǐ wèi miǎn jiù tài róng yì le
如果斗争是在极顺利的成功机会的条件下才着手进行，那么创造世界历史未免就太容易了。

mǎ kè sī
——马克思

fán shì néng chōng shàng qù néng sàn fā chū
凡是能冲上去、能散发出
lái de yàn huǒ dōu shì měi lì de
来的焰火，都是美丽的。

ān tú shēng
——安徒生

kǔ nàn shì rén shēng de lǎo shī
苦难是人生的老师。

bā ěr zhā kè
——巴尔扎克

lì zhì
立志

lǎo jì fú lì zhì zài qiān lǐ liè shì mù nián zhuàng
老骥伏枥，志在千里；烈士暮年，壮
xīn bù yǐ
心不已。

cáo cāo
——曹操

gǔ zhī lì dà zhì zhě bù wéi yǒu chāo shì zhī cái yì
古之立大志者，不唯有超世之才，亦
bì yǒu jiān rèn bù bá zhī zhì
必有坚韧不拔之志。

sū shì
——苏轼

yǒu zhì zhě shì jìng chéng pò fǔ chén zhōu bǎi èr qín
有志者，事竟成，破釜沉舟，百二秦

guān zhōng shǔ chǔ kǔ xīn rén tiān bú fù wò xīn cháng dǎn
关终属楚；苦心人，天不负，卧薪尝胆，
sān qiān yuè jiǎ kě tūn wú
三千越甲可吞吴。

pú sōng líng
——蒲松龄

拿破仑，法国近代资产阶级军事家、政治家、数学家。

lì zhì bù jiān zhōng bú jì shì
立志不坚，终不济事。

zhū xī
——朱熹

bù xiǎng dāng yuán shuài de shì bīng bú shì hǎo shì bīng
不想当元帅的士兵不是好士兵。

ná pò lún
——拿破仑

wú mù biāo ér shēng huó yóu rú méi yǒu luó pán ér háng xíng
无目标而生活，犹如没有罗盘而航行。

lā sī jīn
——拉斯金

zhì zhě xué zhī shī yě cái zhě xué zhī tú yě xué
志者，学之师也；才者，学之徒也。学
zhě bú huàn cái zhī bú shàn ér huàn zhì zhī bú lì shì yǐ
者不患才之不赡，而患志之不立。是以
wéi zhī zhě yì zhào ér chéng zhī zhě wú jǐ gù jūn zǐ bì lì
为之者亿兆，而成之者无几，故君子必立

qí zhì
其志。

xú wò
——徐斡

rén zhī suǒ yǐ yì yú qín zhě wéi zhì ér yǐ yǐ
人之所以异于禽者，唯志而已矣！

wáng fū zhī
——王夫之

yí gè rén rú guǒ xiōng wú dà zhì jí shǐ zài yǒu jīng rén de jǔ dòng yě chēng bú shàng shì wěi rén
一个人如果胸无大志，即使再有惊人的举动也称不上是伟人。

lā luó shí fù kē
——拉罗什富科

xué zhě xū shì lì zhì jīn rì suǒ yǐ yōu yōu zhě zhǐ shì bǎ xué wen bù céng zuò yí jiàn shì kàn yù shì zé qiě hú luàn nèn dì dǎ guò le cǐ zhǐ shì zhì bú lì
学者须是立志。今日所以悠悠者，只是把学问不曾做一件事看，遇事则且胡乱恁地打过了，此只是志不立。

zhū xī
——朱熹

nán ér bù zhǎn fēng yún zhì kōng fù tiān shēng bā chǐ qū
男儿不展风云志，空负天生八尺躯。

féng mèng lóng
——冯梦龙

yí gè rén rú guǒ bù zhī dào zì jǐ de chuán zài shǐ xiàng
一个人如果不知道自己的船在驶向

nǎ gè gǎng kǒu nà me duì tā lái shuō yě jiù wú suǒ wèi
哪个港口，那么，对他来说，也就无所谓
shùn fēng bú shùn fēng de le
顺风不顺风的了。

sài nèi jiā
——塞内加

dǐng tiān lì dì qí nán zǐ yào bǎ qián kūn niǔ zhuǎn lái
顶天立地奇男子，要把乾坤扭转来。

sūn zhōng shān
——孙中山

孙中山，中国政治家、医师、革命家、中华民族主义者。

zhì dāng cún gāo yuǎn
志当存高远。

zhū gě liàng
——诸葛亮

ràng zì jǐ de nèi xīn cáng
让自己的内心藏
zhe yì tiáo jù lóng jì shì yì
着一条巨龙，既是一
zhǒng kǔ xíng yě shì yì zhǒng
种苦刑，也是一种
lè qù
乐趣。

yǔ guǒ
——雨果

suī cháng bù mǎn qī chǐ ér xióng xīn wàn zhàng
虽长不满七尺，而雄心万丈。

lǐ bái
——李白

xīn suí lǎng yuè gāo zhì yǔ qiū shuāng jié
心随朗月高，志与秋霜洁。

lǐ shì mín
——李世民

zhì bú lì rú wú duò zhī zhōu wú xián zhī mǎ piāo
志不立，如无舵之舟，无衔之马，漂
dàng bēn yì zhōng yì hé suǒ dǐ hū
荡奔逸，终亦何所底乎？

wáng shǒu rén
——王守仁

jì yán yàn què mò xiāng zào zì yǒu yún xiāo wàn lǐ gāo
寄言燕雀莫相唣，自有云霄万里高。

gāo shì
——高适

jūn zǐ zhī lì zhì yě yǒu mín bāo wù yǔ zhī liàng yǒu
君子之立志也，有民胞物与之量，有
nèi shèng wài wáng zhī yè ér hòu bù tiǎn yú fù mǔ zhī suǒ shēng
内圣外王之业，而后不忝于父母之所生，
bú kuì wéi tiān dì zhī wán rén
不愧为天地之完人。

zēng guó fān
——曾国藩

zhì jiān zhě gōng míng zhī zhù yě dēng shān bù yǐ jiān xiǎn
志坚者，功名之柱也。登山不以艰险
ér zhǐ zé bì zhēn hū jùn lǐng
而止，则必臻乎峻岭。

gě hóng
——葛洪

zhì zhī suǒ xiàng jīn shí wéi kāi shuí néng yù zhī
志之所向，金石为开，谁能御之？

zēng guó fān
——曾国藩

bǎ yì niàn chén qián de xià hé lǐ bù kě dé bǎ yì zhì fèn fā de qǐ hé shì bù kě wéi
把意念沉潜得下，何理不可得；把意志奋发得起，何事不可为。

jīn lán shēng
——金兰生

nán zǐ qiān nián zhì wú shēng wèi yǒu yá
男子千年志，吾生未有涯。

wén tiān xiáng
——文天祥

shào nián xīn shì dāng ná yún
少年心事当拿云。

lǐ hè
——李贺

shēng dāng zuò rén jié sǐ yì wéi guǐ xióng zhì jīn sī xiàng yǔ bù kěn guò jiāng dōng
生当作人杰，死亦为鬼雄，至今思项羽，不肯过江东。

lǐ qīng zhào
——李清照

méi yǒu yì zhì de rén yí qiè dōu gǎn dào kùn nan méi
没有意志的人，一切都感到困难；没

yǒu tóu nǎo de rén yí qiè dōu gǎn dào jiǎn dān
有头脑的人，一切都感到简单。

ōu wén
——欧文

zhàng fū sì hǎi zhì wàn lǐ yóu bǐ lín
丈夫四海志，万里犹比邻。

cáo zhí
——曹植

dào zú yǐ wàng wù zhī dé chūn zhì zú yǐ yí qì zhī shèng shuāi
道足以忘物之得春，志足以一气之盛衰。

sū shì
——苏轼

苏轼，号东坡居士，中国北宋文豪，豪放派代表人物之一。

xióng xīn zhuàng zhì shì máng máng hēi yè zhōng de běi dǒu xīng
雄心壮志是茫茫黑夜中的北斗星。

bó lǎng níng
——勃朗宁

qiáng xíng zhě yǒu zhì
强行者有志。

lǎo zǐ
——老子

rén shēng zhì qì lì suǒ guì gōng yè chāng
人生志气立，所贵功业昌。

táo hàn
——陶瀚

cái zì qīng míng zhì zì gāo

才自清明志自高。

cáo xuě qín

——曹雪芹

yì rén lì zhì wàn fū mò dí

一人立志，万夫莫敌。

féng mèng lóng

——冯梦龙

yí fēn shì yè xīn néng dǐ shí fēn tè quán

一分事业心能抵十分特权。

mǎ wén

——马文

sān jūn kě duó shuài yě pǐ fū bù kě duó zhì yě

三军可夺帅也，匹夫不可夺志也。

kǒng qiū

——孔丘

zhì bù qiáng zhě zhì bù dá

志不强者智不达。

mò dí

——墨翟

hǔ shòu xióng xīn zài rén pín zhì qì cún

虎瘦雄心在，人贫志气存。

wàn sōng

——万松

rén huàn zhì zhī bú lì yì hé yōu lìng míng bù zhāng yé

人患志之不立，亦何忧令名不彰邪？

liú yì qìng
——刘义庆

dà péng yí rì tóng fēng qǐ，fú yáo zhí shàng jiǔ wàn lǐ。
大鹏一日同风起，扶摇直上九万里。

lǐ bái
——李白

fú yǒu qí zhì bì chéng qí shì。
夫有其志必成其事。

cáo cāo
——曹操

zì xìn
自信

zì xìn jiù shì chéng gōng de dì yī mì jué。
自信就是成功的第一秘诀。

ài mò shēng
——爱默生

wǒ nìng yuàn kào zì jǐ de lì liàng dǎ kāi wǒ de qián tú，ér bú yuàn qiú yǒu lì zhě de chuí qīng。
我宁愿靠自己的力量打开我的前途，而不愿求有力者的垂青。

yǔ guǒ
——雨果

yí gè zì xìn de rén zhǐ huì yǒng wǎng zhí qián。
一个自信的人只会勇往直前。

dù qié ěr
——杜伽尔

wǒ zhǐ yǒu yí gè zhōng gào gěi
我只有一个忠告给
nǐ zuò nǐ zì jǐ de zhǔ rén
你——做你自己的主人。

ná pò lún
——拿破仑

高尔基，社会主义、现实主义文学奠基人，政治活动家，苏联文学的创始人之一。

nǐ men yīng gāi péi yǎng duì zì
你们应该培养对自
jǐ duì zì jǐ de lì liàng de xìn
己，对自己的力量的信
xīn ér zhè zhǒng xìn xīn shì kào kè
心，而这种信心是靠克
fú zhàng ài péi yǎng yì zhì hé duàn liàn yì zhì ér huò dé de
服障碍，培养意志和锻炼意志而获得的。

gāo ěr jī
——高尔基

bù guǎn wǒ men cǎi shén me yàng de gāo qiāo méi yǒu zì jǐ
不管我们踩什么样的高跷，没有自己
de jiǎo dōu shì bù xíng de
的脚都是不行的。

bù lái xī tè
——布莱希特

měi yí jiàn měi hǎo de shì qing kāi shǐ dōu shì hěn kùn nan
每一件美好的事情，开始都是很困难
de
的。

sī bīn sài
——斯宾塞

guò fèn zì xìn de rén jiāng huì shǐ zì jǐ chǔ yú cuì ruò
过分自信的人将会使自己处于脆弱
ér dòng yáo de dì wèi
而动摇的地位。

sī bīn sài
——斯宾塞

zì xìn shì cóng shì dà shì yè suǒ bì xū jù bèi de sù zhì
自信是从事大事业所必须具备的素质。

yuē hàn xùn
——约翰逊

zì xìn xīn zhōng bào
自信——心中抱
zhe jiān dìng de xī wàng hé xìn niàn
着坚定的希望和信念
shì zǒu xiàng wěi dà róng yù zhī lù
是走向伟大荣誉之路
de gǎn qíng
的感情。

xī sài luó
——西塞罗

chōng fèn zì xìn wán quán zì jǐ
充分自信、完全自给
de rén shì zuì xìng fú de
的人是最幸福的。

xī sài luó
——西塞罗

zì xìn shì yì zhǒng gǎn jué yǒu le zhè zhǒng gǎn jué rén
自信是一种感觉，有了这种感觉，人

men cái néng huái zhe jiān dìng de xìn xīn hé xī wàng kāi shǐ wěi
们才能怀着坚定的信心和希望，开始伟
dà ér yòu guāng róng de shì yè
大而又光荣的事业。

xī sài luó
——西塞罗

zhǐ yǒu xìn rèn zì jǐ de rén cái yǒu néng lì xiāng xìn bié
只有信任自己的人，才有能力相信别
rén
人。

fèi luò mǔ
——费洛姆

xiān xiāng xìn nǐ zì jǐ rán hòu bié rén cái huì xiāng xìn nǐ
先相信你自己，然后别人才会相信你。

tú gé niè fū
——屠格涅夫

rú guǒ nǐ duì zì jǐ de néng lì chōng mǎn zì xìn jiù bù
如果你对自己的能力充满自信，就不
néng děng dài bié rén lái fā xiàn lái liǎo jiě yīng gāi jī jí de
能等待别人来发现，来了解，应该积极地
biǎo xiàn zì jǐ
表现自己。

dǎo tián nán
——岛田男

zì lì
自立

rén bú zì lì zé wéi yǒu wú chǐ ér yǐ
人不自立，则唯有无耻而已。

kāng yǒu wéi
——康有为

wǒ xǐ huan zuò zì jǐ de zhǔ rén ér bú shì rèn hé yú chǔn de yǔ zhòu lì de gōng jù
我喜欢做自己的主人，而不是任何愚蠢的宇宙力的工具。

xiāo bó nà
——萧伯纳

wèi le měi hǎo de shēng huó bì xū ràng měi yí gè rén dōu chéng wéi shēng huó shàng píng děng de wán quán de zhǔ rén
为了美好的生活，必须让每一个人都成为生活上平等的、完全的主人。

gāo ěr jī
——高尔基

yí gè rén jí shǐ yǐ dēng shàng dǐng fēng yě réng yào zì qiáng bù xī
一个人即使已登上顶峰，也仍要自强不息。

luó sù bèi kè
——罗素·贝克

dú pì xī jìng qū chú xiù wū zì shù zì qiáng yǐ
独辟蹊径，祛除锈污，自树自强，以
kāi chuàng quán xīn de guāng róng de shēng huó
开创全新的光荣的生活。

xiǎn kè wēi zhī
——显克微支

rén duō bù zú yǐ yī lài yào shēng cún zhǐ yǒu kào zì jǐ
人多不足以依赖，要生存只有靠自己。

ná pò lún
——拿破仑

ruò yào yí shì zuò de hǎo jiù yīng zì jǐ dòng shǒu zuò
若要一事做得好，就应自己动手做。

ná pò lún
——拿破仑

yǒu yì zhǒng shèng lì hé shī bài zuì huī huáng de shèng
有一种胜利和失败——最辉煌的胜
lì hé zuì bēi cǎn de shī bài bú shì zhǎng wò zài bié rén
利和最悲惨的失败——不是掌握在别人
shǒu zhōng ér shì cāo zòng zài zì jǐ de shǒu lǐ
手中，而是操纵在自己的手里。

bó lā tú
——柏拉图

dī zì jǐ de hàn chī zì jǐ de fàn zì jǐ de shì
滴自己的汗，吃自己的饭，自己的事
zì jǐ gàn kào rén kào tiān kào zǔ shàng bú suàn shì hǎo hàn
自己干，靠人靠天靠祖上，不算是好汉。

táo xíng zhī
——陶行知

jūn zǐ zì qiáng yǒng bú yì bì
君子自强，永不意必。

lǔ xùn
——鲁迅

shèng lì shǔ yú zì qiáng bù xī de rén
胜利属于自强不息的人。

méng tián
——蒙田

rén lèi de shǐ mìng zài yú zì qiáng bù xī de zhuī qiú wán měi
人类的使命在于自强不息地追求完美。

luó màn luó lán
——罗曼·罗兰

fán shì tiān xìng gāng qiáng de rén bì dìng yǒu zì qiáng bù xī de lì liàng
凡是天性刚强的人，必定有自强不息的力量。

luó màn luó lán
——罗曼·罗兰

fán shì zì qiáng bù xī zhě zhōng néng dé jiù
凡是自强不息者，终能得救。

gē dé
——歌德

zì bào zhě bù kě yǔ yǒu yán yě zì qì zhě bù kě yǔ yǒu wéi yě
自暴者，不可与有言也；自弃者，不可与有为也。

mèng kē
——孟轲

tiān xià shì wú bù kě wéi dàn zài rén zì qiáng rú hé ěr
天下事无不可为，但在人自强如何耳。

zhū xī
——朱熹

zì jiè zì qiáng suī luàn bì lǐ
自戒自强，虽乱必理。

bái jū yì
——白居易

白居易，唐代诗人，字乐天，号香山居士，现实派诗人。

zì zhù zhě fāng dé shén zhù
自助者方得神助。

ōu lǐ bì dé sī
——欧里庇得斯

bù kě dòng yáo de zì wǒ běn wèi shì zì lì gēng shēng dú lì zì zhǔ de wén huà de hé xīn
不可动摇的自我本位，是自力更生、独立自主的文化的核心。

mén kěn
——门肯

zuì běn zhì de rén xìng jià zhí jiù shì rén de dú lì xìng
最本质的人性价值就是人的独立性。

bù dí màn
——布迪曼

nì jìng
逆境

néng shǐ yú chǔn de rén xué huì yì diǎn dōng xi de， bìng bú shì yán cí， ér shì è yùn。
能使愚蠢的人学会一点东西的，并不是言辞，而是厄运。

——dé mó kè lì tè
——德谟克利特

nì yùn bú jiù shì xìng gé de shì jīn shí ma？
逆运不就是性格的试金石吗？

——bā ěr zhā kè
——巴尔扎克

suì hán， rán hòu zhī sōng bǎi zhī hòu diāo yě。
岁寒，然后知松柏之后凋也。

——kǒng qiū
——孔丘

nì jìng shì dá dào zhēn lǐ de yì tiáo tōng lù。
逆境是达到真理的一条通路。

——bài lún
——拜伦

zāi nàn shì zhēn lǐ de dì yī chéng。
灾难是真理的第一程。

——bài lún
——拜伦

dà zì rán jì rán zài rén jiān zào chéng bù tóng chéng dù de
大自然既然在人间造成不同程度的

qiáng ruò yě cháng yòng pò fǔ chén zhōu de dòu zhēng shǐ ruò zhě bú
强弱，也常用破釜沉舟的斗争，使弱者不
yà yú qiáng zhě
亚于强者。

mèng dé sī jiū
——孟德斯鸠

měi yì zhǒng cuò zhé huò bú lì de tū biàn shì dài zhe tóng
每一种挫折或不利的突变，是带着同
yàng huò jiào dà de yǒu lì de zhǒng zi
样或较大的有利的种子。

ài mò shēng
——爱默生

wǒ bì xū chéng rèn xìng yùn xǐ huan zhào gù yǒng gǎn de rén
我必须承认，幸运喜欢照顾勇敢的人。

dá ěr wén
——达尔文

qí jì duō shì zài è yùn zhōng chū xiàn de
奇迹多是在厄运中出现的。

péi gēn
——培根

lián mǐn shì yí gè rén zāo shòu è yùn ér yǐn qǐ de kǒng
怜悯是一个人遭受厄运而引起的，恐
jù shì zhè gè zāo shòu è yùn de rén yǔ wǒ men xiāng sì ér yǐn
惧是这个遭受厄运的人与我们相似而引
qǐ de
起的。

yà lǐ shì duō dé
——亚里士多德

zhuó yuè de rén yí dà yōu diǎn shì
卓越的人一大优点是：
zài bú lì yǔ jiān nán de zāo yù lǐ bǎi
在不利与艰难的遭遇里百
zhé bù náo
折不挠。

bèi duō fēn
——贝多芬

méi yǒu nǎ yí gè cōng míng rén
没有哪一个聪明人
huì fǒu rèn tòng kǔ yǔ yōu chóu de duàn liàn de jià zhí
会否认痛苦与忧愁的锻炼的价值。

hè xū lí
——赫胥黎

shùn jìng shǐ wǒ men de jīng lì xián sǎn wú yòng， shǐ wǒ men
顺境使我们的精力闲散无用，使我们
gǎn jué bú dào zì jǐ de lì liàng， dàn shì zhàng ài què huàn xǐng
感觉不到自己的力量，但是障碍却唤醒
zhè zhǒng lì liàng ér jiā yǐ yùn yòng
这种力量而加以运用。

xiū mó
——休谟

bìng bú shì měi yì zhǒng zāi nàn dōu shì huò， zǎo lín de nì
并不是每一种灾难都是祸，早临的逆
jìng wǎng wǎng shì fú
境往往是福。

xià pǔ
——夏普

mó liàn
磨炼

liè huǒ jiàn zhēn jīn，mó nàn chéng yīng xióng
烈火见真金，磨难成英雄。

sài niè kǎ
——塞涅卡

cuò zhé mó nàn shì duàn liàn yì zhì zēng jiā néng lì de hǎo jī huì
挫折磨难是锻炼意志增加能力的好机会。

zōu tāo fèn
——邹韬奋

kùn kǔ yǒng yuǎn shì jiān qiáng zhī mǔ
困苦永远是坚强之母。

shā shì bǐ yà
——莎士比亚

莎士比亚，文艺复兴时期英国杰出的剧作家、诗人。

shēng huó jiù xiàng hǎi yáng，zhǐ yǒu yì zhì jiān qiáng de rén，cái néng dào dá bǐ àn
生活就像海洋，只有意志坚强的人，才能到达彼岸。

mǎ kè sī
——马克思

kùn nan nǎi jiàn cái，bù zhǐ jiāng yǒu dé
困难乃见才，不止将有得。

ōu yáng xiū
——欧阳修

huán jìng yù jiān nán kùn kǔ jiù yù xū yào jiān dìng yì lì
环境愈艰难困苦，就愈需要坚定毅力
hé xìn xīn ér qiě xiè dài de hài chù yě jiù yù dà
和信心，而且，懈怠的害处也就愈大。

tuō ěr sī tài
——托尔斯泰

chí héng
持恒

rén bù néng yǒng yuǎn zhì shēn yú qián xiàn bù néng yǒng yuǎn shēng
人不能永远置身于前线，不能永远生
huó zài tòng kǔ zhōng zhè yàng zuì zhōng huì shī qù rěn nài
活在痛苦中，这样最终会失去忍耐。

ào lǐ yà nà fǎ lā qí
——奥里亚娜·法拉奇

dāng nǐ de xī wàng yí gè gè luò kōng nǐ yě yào jiān
当你的希望一个个落空，你也要坚
dìng yào chén zhuó
定，要沉着！

lǎng fèi luó
——朗费罗

wǒ xiāng xìn zài shī bài zhě de wǔ qì kù zhōng nài xīn
我相信，在失败者的武器库中，耐心
shì zuì yǒu lì de wǔ qì
是最有力的武器。

ā dēng nà
——阿登纳

wǒ rèn wéi rěn nài shì wǒ men rén shēng guò chéngzhōng rèn hé
我认为忍耐是我们人生过程中，任何
rén dōu yào jīng shòu de zuì kùn nan de yí jiàn shì děng dài bǐ
人都要经受的最困难的一件事。等待比
zuò shì yào nán de duō
做事要难得多。

gài sī kǎi ěr
——盖斯凯尔

yù shì néng gòu yǒu róng rěn de dà dù nà me chénggōng yě
愈是能够有容忍的大度，那么成功也
jiù yù dà
就愈大。

ān dōng hēng lì yuē mǐ ní
——安东·亨利·约米尼

dú bú zài sān gēng wǔ gǔ gōng
读不在三更五鼓，功
zhǐ pà yí pù shí hán
只怕一曝十寒。

guō mò ruò
——郭沫若

nài xīn hé chí jiǔ shèng guò jī liè
耐心和持久胜过激烈
hé kuáng rè
和狂热。

lā fēng dān
——拉·封丹

zài wǒ men zhōng jiān shuí zuì néng róng rěn shēng huó zhōng de xìng
在我们中间，谁最能容忍生活中的幸

fú hé yōu huàn wǒ rèn wéi jiù shì shòu le zuì hǎo jiào yù de rén
福和忧患，我认为就是受了最好教育的人。

lú suō
——卢梭

lè guān
乐观

tiān néng shēng wù bù néng biàn wù dì néng zài rén bù néng zhì rén
天能生物，不能辨物，地能载人，不能治人。

xún zǐ
——荀子

fēng lì xiān tiān làng dǎ tóu zhǐ xū yí xiào bù xū chóu
风力掀天浪打头，只须一笑不须愁。

yáng wàn lǐ
——杨万里

dāng yí shàn mén guān shàng shí lìng yí shàn mén huì dǎ kāi
当一扇门关上时，另一扇门会打开。

sài wàn tí sī
——塞万提斯

rén shēng yào yǒu yì yì zhǐ yǒu fā yáng shēng mìng kuài lè jiù shì fā yáng shēng mìng de zuì hǎo fāng fǎ
人生要有意义只有发扬生命，快乐就是发扬生命的最好方法。

zhāng wén tiān
——张闻天

lè guān zhě dài zhì bàn yè yǐ yíng xīn nián，bēi guān zhě dài zhì bàn yè yǐ bié jiù suì
乐观者待至半夜以迎新年，悲观者待至半夜以别旧岁。

wò ēn
——沃恩

rén chéng wù shèng hū tiān
人诚务胜乎天。

liú yǔ xī
——刘禹锡

zì rán zhě tiān dì，zhǔ chí zhě rén
自然者天地，主持者人。

wáng fū zhī
——王夫之

lè guān zhě kàn dào de shì yóu zhá quān bǐng，bēi guān zhě kàn dào de shì yí gè kū long
乐观者看到的是油炸圈饼，悲观者看到的是一个窟窿。

wēi ěr xùn
——威尔逊

王夫之，湖南衡阳人，杰出的思想家、哲学家、明末清初大儒。

道德与修养

ài guó
爱国

wǒ ài wǒ de zǔ guó ài wǒ de rén mín lí kāi le
我爱我的祖国，爱我的人民，离开了
tā lí kāi le tā men wǒ jiù wú fǎ shēng cún gèng wú fǎ
它，离开了他们，我就无法生存，更无法
xiě zuò
写作。

bā jīn
——巴金

wǒ men ài wǒ men de mín zú zhè shì wǒ men zì xìn xīn
我们爱我们的民族，这是我们自信心
de yuán quán
的源泉。

zhōu ēn lái
——周恩来

rén shēng zì gǔ shuí wú sǐ，liú qǔ dān xīn zhào hàn qīng
人生自古谁无死，留取丹心照汗青。

wén tiān xiáng
——文天祥

ài zǔ guó gāo yú yí qiè
爱祖国高于一切。

xiào bāng
——肖邦

cháng sī fèn bù gù shēn，ér xùn guó jiā zhī jí
常思奋不顾身，而殉国家之急。

sī mǎ qiān
——司马迁

dà jiāng gē bà diào tóu dōng，suì mì qún kē jì shì qióng
大江歌罢掉头东，邃密群科济世穷。
miàn bì shí nián tú pò bì，nán chóu dǎo hǎi yì yīng xióng
面壁十年图破壁，难酬蹈海亦英雄。

zhōu ēn lái
——周恩来

周恩来，中国无产阶级革命家、政治家、军事家、外交家。

gè chū suǒ xué，gè jìn suǒ zhī，shǐ guó jiā fù qiáng bú shòu wài wǔ，zú yǐ zì lì yú dì qiú zhī shàng
各出所学，各尽所知，使国家富强不受外侮，足以自立于地球之上。

zhān tiān yòu
——詹天佑

wǒ sǐ hòu bǎ wǒ de gǔ huī sòng huí jiā xiāng bǎ
我死后，把我的骨灰送回家乡……把
tā mái le shàng tóu zhòng yì kē píng guǒ shù ràng wǒ zuì hòu bào
它埋了，上头种一棵苹果树，让我最后报
dá jiā xiāng de tǔ dì bào dá fù lǎo xiāng qīn
答家乡的土地，报答父老乡亲。

péng dé huái
——彭德怀

wáng shī běi dìng zhōng yuán rì jiā jì wú wàng gào nǎi wēng
王师北定中原日，家祭无忘告乃翁。

lù yóu
——陆游

wéi yǒu mín hún shì zhí dé bǎo guì de wéi yǒu tā fā yáng
唯有民魂是值得宝贵的，唯有他发扬
qǐ lái zhōng guó cái yǒu zhēn jìn bù
起来，中国才有真进步。

lǔ xùn
——鲁迅

hèn bú kàng rì sǐ liú zuò jīn rì xiū guó pò shàng rú
恨不抗日死，留作今日羞。国破尚如
cǐ wǒ hé xī cǐ tóu
此，我何惜此头？

jí hóngchāng
——吉鸿昌

zǔ guó rú yǒu nàn rǔ yīng zuò qián fēng
祖国如有难，汝应作前锋。

chén yì
——陈毅

nán běi qū chí bào zhǔ qíng, jiāng huā biān cǎo xiào píng shēng;
南北驱驰报主情，江花边草笑平生；
yì nián sān bǎi liù shí rì, dōu shì héng gē mǎ shàng xíng。
一年三百六十日，都是横戈马上行。

qī jì guāng
——戚继光

jǐn chéng suī lè, bù rú huí gù xiāng; lè yuán suī hǎo,
锦城虽乐，不如回故乡；乐园虽好，
fēi jiǔ liú zhī dì。guī qù lái xī。
非久留之地。归去来兮。

huà luó gēng
——华罗庚

wǒ men wèi zǔ guó fú wù yě bù néng dōu cǎi qǔ tóng yì
我们为祖国服务也不能都采取同一
zhǒng fāng shì, měi gè rén yīng gāi àn zhào zī zhì, gè jìn suǒ néng。
种方式，每个人应该按照资质，各尽所能。

gē dé
——歌德

yè shì tài bái shōu guāng máng, bào guó yù sǐ wú zhàn chǎng!
夜视太白收光芒，报国欲死无战场！

lù yóu
——陆游

yì shēn bào guó yǒu wàn sǐ, shuāng bìn xiàng rén wú zài qīng。
一身报国有万死，双鬓向人无再青。

lù yóu
——陆游

zǔ guó, wǒ yǒng yuǎn zhōng yú nǐ, wèi nǐ xiàn shēn, yòng
祖国，我永远忠于你，为你献身，用

wǒ de qín shēng yǒng yuǎn wèi nǐ gē
我的琴声永远为你歌
chàng hé zhàn dòu
唱和战斗。

xiào bāng
——肖邦

ài guó zhǔ yì jiù shì qiān bǎi
爱国主义就是千百
nián lái gù dìng xià lái de duì zì
年来固定下来的对自
jǐ zǔ guó de yì zhǒng zuì shēn hòu
己祖国的一种最深厚
de gǎn qíng
的感情。

liè níng
——列宁

bú yào wèn guó jiā wèi nǐ zuò le xiē shén me ér yào wèn
不要问国家为你做了些什么，而要问
nǐ wèi guó jiā zuò le xiē shén me
你为国家做了些什么。

kěn ní dí
——肯尼迪

kē xué méi yǒu guó jiè kē xué jiā què yǒu guó jiè
科学没有国界，科学家却有国界。

bā fǔ luò fū
——巴甫洛夫

méi yǒu zǔ guó jiù méi yǒu xìng fú měi gè rén bì xū
没有祖国，就没有幸福。每个人必须

植根于祖国的土壤里。

——屠格涅夫

我们中华民族有同自己的敌人血战到底的气概，有在自力更生的基础上光复旧物的决心，有自立于世界民族之林的能力。

——毛泽东

冰心，现代著名诗人、作家、翻译家、儿童文学家，被称为“世纪老人”。

一个人只要热爱自己的祖国，有一颗爱国之心，就什么事情都能解决。什么苦楚、什么冤屈都受得了。

——冰心

为了国家的利益，使自己的一生为有

用的一生，纵然只能效绵薄之力，我也会热血沸腾。

——果戈理

道德

天性好比种子，它既能长成香花，也可能长成毒草，所以人应当及时检查，以培养前者而拔除后者。

——培根

准确地说，道德不是那种如何使我们过得幸福的原理，而是如何使我们无愧于幸福的规范。

——康德

真正的道德，跟一颗大钻石或珍奇的

bǎo wù yí yàng shòu rén xīn shǎng
宝物一样受人欣赏。

bā ěr zhā kè
——巴尔扎克

dào dé shì zhēn lǐ zhī huā
道德是真理之花。

yǔ guǒ
——雨果

shì jiè shàng zuì hǎo de dōng xi dào dǐ hái shì dé xíng
世界上最好的东西，到底还是德行。

zuǒ lā
——左拉

jiào yù de wéi yī gōng zuò yǔ quán bù gōng zuò kě yǐ zǒng jié zài zhè yí gài niàn zhī zhōng dào dé
教育的唯一工作与全部工作可以总结在这一概念之中——道德。

hè ěr bā tè
——赫尔巴特

měi sè hǎo kàn měi dé gǎn rén
美色好看，美德感人。

bó bǎi
——薄柏

yí gè rén duì yú bié rén de yǐng xiǎng jué fēi kào yán yǔ wán chéng ér shì kào jīng shén lái
一个人对于别人的影响，绝非靠言语完成，而是靠精神来

wán chéng de
完成的。

luó màn luó lán
——罗曼·罗兰

měi dé yóu rú bǎo shí zài pǔ sù de huán jìng zhōng zuì guāng
美德犹如宝石，在朴素的环境中最光
cǎi duó mù
彩夺目。

péi gēn
——培根

dào dé miàn mào miǎo xiǎo de dì fang bú huì yǒu wěi dà de
道德面貌渺小的地方，不会有伟大的
rén wù chū xiàn
人物出现。

luó màn luó lán
——罗曼·罗兰

dào dé guī fàn zhī yú rén yóu rú yuǎn xíng zhě de miàn
道德规范之于人，犹如远行者的面
bāo shā mò shàng de shuǐ méi yǒu tā men biàn méi yǒu shēng mìng
包、沙漠上的水，没有它们，便没有生命，
tǎng ruò shī qù liáng hǎo de dào dé qì fēn rén lèi jiù kě néng
倘若失去良好的道德气氛，人类就可能
biàn chéng yì qún yě shòu
变成一群野兽。

ā nà tuō lǐ fèi dí
——阿纳托里·费迪

wǒ men jīng cháng huái zhe wú xiàn de zàn měi hé jìng wèi xīn
我们经常怀着无限的赞美和敬畏心

lái kàn dài de dōng xi yǒu èr yí gè shì gāo xuán zài shàng de
来看待的东西有二：一个是高悬在上的
xīng dǒu hé càn làn de tiān kōng lìng yí gè shì nèi xīn lǐ de
星斗和灿烂的天空；另一个是内心里的
dào dé guī lǜ
道德规律。

xī tián jǐ duō láng
——西田几多郎

zài yì shù hé shī lǐ rén gé què shí jiù shì yí qiè
在艺术和诗里，人格确实就是一切。

gē dé
——歌德

yǒu dé bì yǒu yǒng zhèng zhí de rén jué bù dǎn qiè
有德必有勇，正直的人绝不胆怯。

shā shì bǐ yà
——莎士比亚

jīng shén shàng de dào dé lì liàng fā huī le tā de qián
精神上的道德力量发挥了它的潜
néng jǔ qǐ le tā de qí zhì yú shì wǒ men de ài guó
能，举起了它的旗帜，于是我们的爱国
rè qíng hé zhèng yì gǎn zài xiàn shí zhōng jūn dé shī zhǎn qí wēi
热情和正义感在现实中均得施展其威
lì hé zuò yòng
力和作用。

hēi gé ěr
——黑格尔

měi gè rén dōu shì yí gè yuè qiú yǒu yí gè yīn àn
每个人都是一个月球，有一个阴暗

miàn cóng bú ràng rèn hé rén kàn jiàn
面，从不让任何人看见。

mǎ kè tǔ wēn
——马克·吐温

马克·吐温，美国的幽默大师、小说家，亦是著名演说家。

gé mìng dào dé bú shì cóng tiān shàng diào xià lái de tā shì cóng rì cháng de jiān chí bú xiè de dòu zhēng hé duàn liàn zhōng fā zhǎn hé gǒng gù qǐ lái de zhèng rú yù shí yuè mó yuè liàng huáng jīn yuè liàn yuè chún yí yàng
革命道德不是从天上掉下来的。它是从日常的坚持不懈地斗争和锻炼中发展和巩固起来的，正如玉石越磨越亮，黄金越炼越纯一样。

hú zhì míng
——胡志明

cóng wài mào kàn lái rén zuì gāo guì gǒu zuì dī jiàn dàn shèng rén yí zhì rèn wéi zhòng yì de gǒu yuǎn shèng yú bú yì de rén
从外貌看来，人最高贵，狗最低贱。但圣人一致认为：重义的狗远胜于不义的人。

sà dí
——萨迪

zuì zhòng yào de bú shì dòng jī ér shì xíng dòng nǐ bì xū xiān zuò yí gè kāi shǐ jiǎ rú nǐ yào děng dào yǒu xīn qíng
最重要的不是动机，而是行动！你必须先做一个开始，假如你要等到有心情

de shí hou cái zuò nǐ kě néng huì yǒng yuǎn děng dài xià qù
的时候才做，你可能会永远等待下去。

péng sī
——彭斯

yè mì mì de bǎ huā kāi fàng le què ràng nà bái rì qù lǐng shòu xiè cí
夜秘密地把花开放了，却让那白日去领受谢词。

tài gē ěr
——泰戈尔

xīn dì bú zài dài mào chuān yī pǐn dé bú zài yī shān lán lǚ
心地不再戴帽穿衣，品德不再衣衫褴褛。

sà dí
——萨迪

shì jiè shàng suǒ yǒu de měi hǎo de qíng cāo yě méi yǒu yí gè dān chún kě ài de xíng dòng fèn liàng zhòng
世界上所有的美好的情操也没有一个单纯可爱的行动分量重。

luò wēi ěr
——洛威尔

yǎng chéng tā men yǒu nài láo zuò de tǐ lì chún jié gāo shàng de dào dé guǎng bó zì yóu néng róng nà xīn cháo liú de jīng shén yě jiù shì néng zài shì jiè xīn cháo liú zhōng yóu yǒng bú bèi yān
养成他们有耐劳作的体力，纯洁高尚的道德，广博自由能容纳新潮流的精神，也就是能在世界新潮流中游泳，不被淹

mò de lì liàng
没的力量。

lǔ xùn
——鲁迅

jí tǐ
集体

shàng xià tóng yù zhě shèng
上下同欲者胜。

sūn wǔ
——孙武

gè rén zhī yú shè huì děng yú shēn tǐ de xì bāo, yào yí
个人之于社会等于身体的细胞，要一
gè rén shēn tǐ jiàn quán, bú yòng shuō bì xū
个人身体健全，不用说必须
měi gè xì bāo dōu jiàn quán
每个细胞都健全。

wén yì duō
——闻一多

yí zhì shì qiáng yǒu lì de, ér
一致是强有力的，而
fēn zhēng yì yú bèi zhēng fú
纷争易于被征服。

yī suǒ
——伊索

tiān cái bìng bú shì zì shēng zì zhǎng zài shēn lín huāng yě lǐ
天才并不是自生自长在深林荒野里

的怪物，是由可以使天才生长的民众产生、长育出来的，所以没有这种民众，就没有天才。

——鲁迅

人是要有帮助的。荷花虽好，也要绿叶扶持。一个篱笆打三个桩，一个好汉要有三个帮。

——毛泽东

每个人应该遵守生之法则，把个人的命运联系在民族的命运上，将个人的生存放在群体的生存里。

——巴金

一滴水只有放进大海里才永远不会干涸，一个人只有当他把自己和集体事

yè róng hé zài yì qǐ de shí hou cái zuì yǒu lì liàng
业融合在一起的时候才最有力量。

léi fēng
——雷锋

yì duǒ xiān huā dǎ ban bù chū měi lì de chūn tiān yí gè rén xiān jìn zǒng shì dān qiāng pǐ mǎ zhòng rén xiān jìn cái néng yí shān tián hǎi
一朵鲜花打扮不出美丽的春天，一个人先进总是单枪匹马，众人先进才能移山填海。

léi fēng
——雷锋

雷锋，原名雷正兴，中国人民解放军战士。

wèi le jìn xíng dòu zhēng wǒ men bì xū bǎ wǒ men de yí qiè lì liàng níng chéng yì gǔ shéng bìng shǐ zhè xiē lì liàng jí zhōng zài tóng yí gè gōng jī diǎn shàng
为了进行斗争，我们必须把我们的一切力量拧成一股绳，并使这些力量集中在同一个攻击点上。

ēn gé sī
——恩格斯

yào yǒng yuǎn jué de zǔ guó de tǔ dì shì wěn gù de zài nǐ jiǎo xià yào yǔ jí tǐ yì qǐ shēng huó yào jì zhù shì jí tǐ jiào yù le nǐ nǎ yì tiān nǐ ruò hé jí tǐ tuō
要永远觉得祖国的土地是稳固的在你脚下，要与集体一起生活，要记住，是集体教育了你。哪一天你若和集体脱

lí nà biàn shì mò lù de kāi shǐ
离，那便是末路的开始。

ào sī tè luò fū sī jī
——奥斯特洛夫斯基

gòng tóng de shì yè gòng tóng de dòu zhēng kě yǐ shǐ rén men chǎn shēng rěn shòu yí qiè de lì liàng
共同的事业，共同的斗争，可以使人们产生忍受一切的力量。

ào sī tè luò fū sī jī
——奥斯特洛夫斯基

gōng rén jiē jí de tuán jié jiù shì gōng rén shèng lì de shǒu yào qián tí
工人阶级的团结就是工人胜利的首要前提。

mǎ kè sī
——马克思

zhǐ yào qiān bǎi wàn láo dòng zhě tuán jié de xiàng yí gè rén yí yàng gēn suí běn jiē jí de yōu xiù rén wù qián jìn shèng lì yě jiù yǒu le bǎo zhèng
只要千百万劳动者团结得像一个人一样，跟随本阶级的优秀人物前进，胜利也就有了保证。

liè níng
——列宁

láo dòng zhě de zǔ zhī xìng jì lǜ xìng jiān yì jīng shén
劳动者的组织性、纪律性、坚毅精神

yǐ jí tóng quán shì jiè láo dòng zhě de tuán jié yí zhì shì qǔ
以及同全世界劳动者的团结一致，是取
dé zuì hòu shèng lì de bǎo zhèng
得最后胜利的保证。

liè níng
——列宁

rén gé
人格

wěi dà de rén gé xíng chéng le chóng gāo de jǔ zhǐ bú
伟大的人格，形成了崇高的举止：不
wèi zì jǐ huó yě bú wèi zì jǐ sǐ
为自己活，也不为自己死。

luó màn luó lán
——罗曼·罗兰

zài yí qiè shǐ rén gé duò luò de bú dào dé de xíng wéi
在一切使人格堕落的不道德的行为
zhī zhōng zì sī shì zuì kě hèn zuì kě chǐ de
之中，自私是最可恨、最可耻的。

sà kè léi
——萨克雷

yào bié rén chéng rèn shì rén zǒng xū zài zì jǐ běn guó lǐ
要别人承认是人，总须在自己本国里
xiān zhēng dé rén gé
先争得人格。

lǔ xùn
——鲁迅

jīng jì jué dìng rén gé
经济决定人格。

xú tè lì
——徐特立

róng yù
荣誉

hái yǒu bǐ shēng mìng gèng zhòng dà de
还有比生命更重大的，
jiù shì róng yù
就是荣誉。

xí lè
——席勒

róng yù zhè dōng xi bú huì gěi yí gè tōu dào tā dàn pèi bú shàng tā
荣誉这东西，不会给一个偷盗它，但配不上它
de rén dài lái yú kuài tā zhǐ yǒu zài yí gè pèi de shàng tā
的人带来愉快；它只有在一个配得上它
de rén xīn lǐ cái huì yǐn qǐ bú duàn de chàn dòng
的人心里才会引起不断的颤动。

guǒ gē lǐ
——果戈理

róng yù jiù xiàng hé liú qīng fú hé kōng xū de róng yù fú
荣誉就像河流：轻浮和空虚的荣誉浮
zài hé miàn shàng shēn chén de hé hòu shí de róng yù chén zài hé
在河面上，深沉的和厚实的荣誉沉在河

dǐ lǐ
底里。

péi gēn
——培根

wú xiá de míng yù shì shì jiān zuì chún cuì de zhēn zhū
无瑕的名誉是世间最纯粹的珍珠。

shā shì bǐ yà
——莎士比亚

liè shì de mù shì róng yù de zuì guī lì de jì tán
烈士的墓是荣誉的最瑰丽的祭坛。

hé sài mǎ dì
——何塞·马蒂

shì jiè róng yù de guì guān dōu yòng jīng jí fǎng zhī ér chéng
世界荣誉的桂冠，都用荆棘纺织而成。

jiǎ lài
——贾赖

míng zi běn shēn yǒu shén me ne wǒ men jiào zuò méi gui
名字本身有什么呢？我们叫作玫瑰
de nà zhǒng huā huàn gè qí tā míng zi wén qǐ lái yě yí yàng
的那种花，换个其他名字闻起来也一样
fēn fāng
芬芳。

yǔ guǒ
——雨果

bù qiú míng de rén zuì shì yǒng gǎn
不求名的人，最是勇敢。

sī tǎn kè
——斯坦克

yīng dāng bǎ róng yù dàng zuò nǐ zuì gāo de rén gé de biāo zhì
应当把荣誉当作你最高的人格的标志。

niú dùn
——牛顿

zhǐ yǒu miè shì róng yù de rén cái néng dé dào zhēn zhèng de róng yù
只有蔑视荣誉的人，才能得到真正的荣誉。

lǐ wéi
——李维

shù yóu qí guǒ shí ér dé míng
树由其果实而得名。

mǎ fù ěr
——马富尔

tōng xiàng róng yù de lù shàng bìng bù pū mǎn xiān huā
通向荣誉的路上并不铺满鲜花。

dàn dīng
——但丁

rén shēng yǒu sān dà nán dì yī nán shì yíng dé róng yù dì èr nán shì zài shì yì tiān bǎo chí yì tiān de róng yù dì sān nán shì sǐ hòu liú xià gè hǎo míng shēng
人生有三大难：第一难是赢得荣誉；第二难是在世一天保持一天的荣誉；第三难是死后留下个好名声。

běn luó hǎi dēng
——本·罗·海登

fèng xiàn 奉献

jū gōng jìn cuì sǐ ér hòu yǐ
鞠躬尽瘁，死而后已。

zhū gě liàng
——诸葛亮

诸葛亮，字孔明，中国历史上著名的政治家、军事家、散文家、发明家。

xiān tiān xià zhī yōu ér yōu
先天下之忧而忧，
hòu tiān xià zhī lè ér lè
后天下之乐而乐。

fàn zhòng yān
——范仲淹

wǒ néng fèng xiàn de méi yǒu qí tā zhǐ yǒu rè xuè xīn láo yǎn lèi yǔ hàn shuǐ
我能奉献的没有其他，只有热血、辛劳、眼泪与汗水。

qiū jí ěr
——丘吉尔

zhēn zhèng de xué zhě zhēn zhèng liǎo bù qǐ de dì fang shì àn àn zuò le xǔ duō wěi dà de gōng zuò ér shēng qián bìng bù yīn cǐ chū míng
真正的学者真正了不起的地方，是暗暗做了许多伟大的工作而生前并不因此出名。

bā ěr zhā kè
——巴尔扎克

wǒ yào zuò de zhǐ shì yǐ wǒ wēi bó de mián lì lái wèi

我要做的只是以我微薄的绵力来为

zhēn lǐ hé zhèng yì fú wù

真理和正义服务。

ài yīn sī tǎn

——爱因斯坦

wǒ shì shì jiè de gōng mín yīng wèi rén lèi ér shēng

我是世界的公民，应为人类而生。

nuò bèi ěr

——诺贝尔

yīng gāi ràng bié rén de shēng huó yīn wèi yǒu le nǐ de shēng

应该让别人的生活因为有了你的生

cún ér gèng jiā měi hǎo

存而更加美好。

cí bā ěr

——茨巴尔

rén xū yào yǒu yì kē xī shēng zì jǐ sī lì de xīn

人需要有一颗牺牲自己私利的心。

tú gé niè fū

——屠格涅夫

shēng mìng de duō shǎo yòng shí jiān jì suàn shēng mìng de jià

生命的多少用时间计算，生命的价

zhí yòng gòng xiàn jì suàn

值用贡献计算。

péi duō fēi

——裴多菲

jié lì lǚ xíng nǐ de yì wù nǐ yīng gāi jiù huì zhī

竭力履行你的义务，你应该就会知

dào nǐ dào dǐ yǒu duō dà jià zhí
道，你到底有多大价值。

tuō ěr sī tài
——托尔斯泰

pǐn dé
品德

wù yǐ è xiǎo ér wéi zhī wù yǐ shàn xiǎo ér bù wéi
勿以恶小而为之，勿以善小而不为。

wéi xián wéi dé néng fú yú rén
唯贤唯德，能服于人。

liú bèi
——刘备

rù yú wū ní ér bù rǎn bú shòu zī chǎn jiē jí táng yī
入于污泥而不染，不受资产阶级糖衣

pào dàn de qīn shí shì zuì nán néng kě guì de gé mìng pǐn zhì
炮弹的侵蚀，是最难能可贵的革命品质。

zhōu ēn lái
——周恩来

shuí zài píng rì jié yī suō shí zài qióng kùn shí jiù róng yì
谁在平日节衣缩食，在穷困时就容易

dù guò nán guān shuí zài fù zú shí háo huá shē chǐ zài qióng kùn
渡过难关；谁在富足时豪华奢侈，在穷困

shí jiù huì sǐ yú jī hán
时就会死于饥寒。

sà dí
——萨迪

yí gè rén zuì shāng xīn de shì qing wú guò yú liáng xīn de
一个人最伤心的事情无过于良心的
sǐ miè
死灭。

guō mò ruò
——郭沫若

méi yǒu wěi dà de pǐn gé jiù méi yǒu wěi dà de rén
没有伟大的品格，就没有伟大的人，
shèn zhì yě méi yǒu wěi dà de yì shù jiā wěi dà de xíng dòng zhě
甚至也没有伟大的艺术家、伟大的行动者。

luó màn luó lán
——罗曼·罗兰

jūn zǐ yōu dào bù yōu pín
君子忧道不忧贫。

kǒng qiū
——孔丘

rén lèi bèi fù yǔ le yì zhǒng
人类被赋予了一种
gōng zuò nà jiù shì jīng shén de chéngzhǎng
工作，那就是精神的成长。

tuō ěr sī tài
——托尔斯泰

rén zài zhì huì shàng yīng dāng shì míng huò de dào dé shàng yīng
人在智慧上应当是明豁的，道德上应
gāi shì qīng bái de shēn tǐ shàng yīng gāi shì qīng jié de
该是清白的，身体上应该是清洁的。

qì hē fū
——契诃夫

wǒ yuàn zhèng míng fán shì xíng wéi shàn liáng yǔ gāo shàng de rén dìng néng yīn zhī ér dān dāng huàn nàn

我愿证明，凡是行为善良与高尚的人，定能因之而担当患难。

bèi duō fēn

——贝多芬

bú shì bù néng jiàn yì pà de shì jiàn yì ér bú yuàn yǒng wéi

不是不能见义，怕的是见义而不愿勇为。

xiè jué zāi

——谢觉哉

tǔ fú kě chéng qiáng jī dé wéi hòu dì

土扶可城墙，积德为厚地。

lǐ bái

——李白

zhuāng shì duì yú dé xíng yě tóng yàng shì gé gé bú rù de yīn wèi dé xíng shì líng hún de lì liàng hé shēng qì

装饰对于德行也同样是格格不入的，因为德行是灵魂的力量和生气。

lú suō

——卢梭

měi dé shì yì zhǒng zhàn zhēng zhuàng tài wǒ men shēng huó yú qí zhōng jiù yào cháng cháng yǔ zì jǐ zuò dòu zhēng

美德是一种战争状态，我们生活于其中，就要常常与自己作斗争。

lú suō

——卢梭

tiān xià yǒu dà yǒng zhě，cù rán lín zhī ér bù jīng，bú gù jiā zhī ér bú nù。
天下有大勇者，猝然临之而不惊，不故加之而不怒。

sū shì
——苏轼

bú huàn wèi zhī bù zūn，ér huàn dé zhī bù chóng；bù chǐ lù zhī bù huǒ，ér chǐ zhì zhī bù bó。
不患位之不尊，而患德之不崇；不耻禄之不伙，而耻智之不博。

zhāng héng
——张衡

qiáng běn ér jié yòng，zé tiān bù néng pín。
强本而节用，则天不能贫。

xún kuàng
——荀况

chǐ zé duō yù。jūn zǐ duō yù zé niàn mù fù guì，wǎng dào sù huò。
侈则多欲。君子多欲则念慕富贵，枉道速祸。

sī mǎ guāng
——司马光

shàn qì yíng rén，qīn rú dì xiong；è qì yíng rén，hài yú bīng gē。
善气迎人，亲如弟兄；恶气迎人，害于兵戈。

guǎn zhòng
——管仲

yīn móu xiàn hài bié rén de rén zì jǐ huì shǒu xiān zāo dào bú xìng
阴谋陷害别人的人，自己会首先遭到不幸。

yī suǒ
——伊索

jí shǐ pǐn dé chuān zhe lán lǚ de yī shang yě yīng gāi shòu dào zūn jìng
即使品德穿着褴褛的衣裳，也应该受到尊敬。

xí lè
——席勒

shēng mìng duǎn cù zhǐ yǒu měi dé néng jiāng tā liú chuán dào liáo yuǎn de hòu shì
生命短促，只有美德能将它流传到辽远的后世。

shā shì bǐ yà
——莎士比亚

王安石，北宋杰出的政治家、文学家、思想家、改革家。唐宋八大家之一。

bà zǔ gū shēn qǔ èr jiāng zǐ sūn duō yǐ bǎi chéng xiáng háo huá jìn chū chéng gōng hòu yì lè ān zhī yǔ huò shuāng
霸祖孤身取二江，子孙多以百城降。豪华尽出成功后，逸乐安知与祸双？

wáng ān shí
——王安石

lǐ zhì yào bǐ xīn líng wéi gāo, sī xiǎng yào bǐ gǎn qíng kě kào
理智要比心灵为高，思想要比感情可靠。

gāo ěr jī
——高尔基

lì lǎn qián xián guó yǔ jiā, chéng yóu qín jiǎn bài yóu shē
历览前贤国与家，成由勤俭败由奢。

lǐ shāng yǐn
——李商隐

chéng shí hé qín miǎn, yīng gāi chéng wéi nǐ yǒng jiǔ de bàn lǚ
诚实和勤勉，应该成为你永久的伴侣。

fù lán kè lín
——富兰克林

zhī chǐ jìn hū yǒng
知耻近乎勇。

kǒng qiū
——孔丘

shàn liáng de rén zǒng shì bǎ zì jǐ shuō de bēi liè
善良的人总是把自己说得卑劣。

huò sāng
——霍桑

wú lùn nǐ chū shēn gāo guì huò zhě dī jiàn, dōu wú guān hóng
无论你出身高贵或者低贱，都无关宏

zhǐ dàn nǐ bì xū yǒu zuò rén zhī dào
旨。但你必须有做人之道。

gē dé
——歌德

yōu liáng de pǐn dé shì nèi xīn zhēn zhèng de cái fù ér chèn
优良的品德是内心真正的财富，而衬
xiǎn zhè pǐn xíng de shì liáng hǎo de jiào yǎng
显这品行的是良好的教养。

yuē hàn luò kè
——约翰·洛克

měi dé de běn shēn jiù shì tā de bào chou
美德的本身就是它的报酬。

dá lā dùn
——达拉顿

pǐn gé rú tóng shù mù míng shēng
品格如同树木，名声
rú tóng shù yīn wǒ men chángcháng kǎo
如同树荫。我们常常考
lǜ de shì shù yīn què bù zhī shù
虑的是树荫，却不知树
mù cái shì gēn běn
木才是根本。

lín kěn
——林肯

shē zhě láng jí jiǎn zhě ān yì xiōng yì jí zài yǎn qián
奢者狼藉俭者安，一凶一吉在眼前。

bái jū yì
——白居易

pǐn gé shì yì zhǒng nèi zài de lì liàng, tā de cún zài néng zhí jiē fā huī zuò yòng, ér wú xū jiè zhù rèn hé shǒu duàn.
品格是一种内在的力量，它的存在能直接发挥作用，而无需借助任何手段。

ài mò shēng
——爱默生

jiāo ào
骄傲

kuā kuā qí tán shì ruǎn ruò de shǒu yào biāo zhì, ér nà xiē néng gòu zuò chū dà shì de rén wǎng wǎng shì shǒu kǒu rú píng de.
夸夸其谈是软弱的首要标志，而那些能够做出大事的人往往是守口如瓶的。

xī sài luó
——西塞罗

jiāo ào、jí dù、tān lán shì sān gè huǒ xīng, tā men shǐ rén xīn bào zhà.
骄傲、嫉妒、贪婪是三个火星，它们使人心爆炸。

dàn dīng
——但丁

jiāo ào de rén bì rán jí dù, tā duì yú nà zuì yǐ dé xíng shòu rén chēng zàn de rén biàn
骄傲的人必然嫉妒，他对于那最以德行受人称赞的人便请将不干胶对号入座，贴在正文中相应的位置。

苏轼

高尔基

白居易

马克·吐温

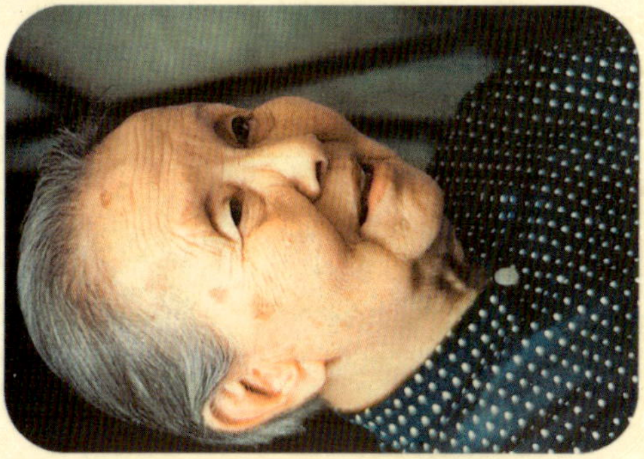

冰心

周恩来

莎士比亚

王夫之

雷锋

zuì huái jì hèn
最怀忌恨。

sī bīn nuò shā
——斯宾诺莎

bǎ zì jǐ de cháng chù xiǎng de tài duō de rén jiù shì yào
把自己的长处想得太多的人，就是要
bié rén xiǎng jí tā de duǎn chù
别人想及他的短处。

hè zī lì tè
——赫兹利特

shuí yě bù mǎn zú zì jǐ de cái chǎn shuí dōu mǎn zú yú
谁也不满足自己的财产，谁都满足于
zì jǐ de cōng míng
自己的聪明。

tuō ěr sī tài
——托尔斯泰

xiǎo rén dà yán bù cán jiǎn zhí bǎ zì jǐ de zǔ zong yě
小人大言不惭，简直把自己的祖宗也
shuō chéng shì tā men shēng de
说成是他们生的。

ài jiā
——艾加

zì fù jiù xiàng móu shā zǒng huì lòu chū mǎ jiǎo
自负就像谋杀，总会露出马脚。

hàn nà kǎo lì
——汉纳·考利

yí gè jiāo ào de rén jié guǒ zǒng shì zài jiāo ào lǐ huǐ
一个骄傲的人，结果总是在骄傲里毁

miè le zì jǐ
灭了自己。

shā shì bǐ yà
——莎士比亚

yí gè xiū nǎn de shī bài bǐ yí gè jiāo ào de chéng gōng
一个羞赧的失败比一个骄傲的成功
hái yào gāo guì
还要高贵。

jì bó lún
——纪伯伦

jiāo ào shì quē diǎn de zuì jiā cáng shēn zhī dì
骄傲是缺点的最佳藏身之地。

sài bā tè lè
——塞·巴特勒

zì kuā cōng míng de rén yǒu rú qiú fàn kuā yào qí qiú shì
自夸聪明的人，有如囚犯夸耀其囚室
kuān chang
宽敞。

xī méng
——西蒙

duì jiāo ào de rén bú yào qiān xū duì qiān xū de rén bú
对骄傲的人不要谦虚，对谦虚的人不
yào jiāo ào
要骄傲。

jié fú xùn
——杰弗逊

kě néng yǒu xū wěi de qiān xū dàn jué méi yǒu xū wěi de
可能有虚伪的谦虚，但绝没有虚伪的

jiāo ào
骄傲。

zhū ěr lè nà ěr
——朱尔·勒纳尔

kē xué de zì fù bǐ qǐ
科学的自负比起
wú zhī de zì fù lái hái zhǐ néng
无知的自负来还只能
suàn shì qiān xū
算是谦虚。

sī bīn sài
——斯宾塞

jiāo ào zǒng shì zāo dào zhǐ zé hé dǐ huǐ dàn zhǐ zé hé
骄傲总是遭到指责和诋毁，但指责和
dǐ huǐ tā de zhǔ yào shì nà xiē méi yǒu rèn hé dōng xi zhí
诋毁它的，主要是那些没有任何东西值
dé jiāo ào de rén
得骄傲的人。

shū běn huá
——叔本华

jǐn guǎn jiāo ào bìng bú shì yì zhǒng měi dé dàn tā què shì
尽管骄傲并不是一种美德，但它却是
xǔ duō měi dé de qǐ yuán
许多美德的起源。

qiū dùn kē lín sī
——丘顿·柯林斯

zài huò dé chéng gōng zhī qián měi gè rén dōu yǒu zì fù de
在获得成功之前，每个人都有自负的

quán lì
权利。

dí sī lěi lì
——迪斯累利

jiāo ào zì mǎn shì wǒ men de yí zuò kě pà de xiàn jǐng
骄傲自满是我们的一座可怕的陷阱；
ér qiě zhè gè xiàn jǐng shì wǒ men zì jǐ qīn shǒu wā jué de
而且，这个陷阱是我们自己亲手挖掘的。

lǎo shě
——老舍

zhì bú zì zhì ér hòu rén mò yǔ zhēng zhì
智不自智，而后人莫与争智。

liú jī
——刘基

ào màn de xìng gé zhǐ huì ǒu ěr shāng hài nǐ ér ào màn
傲慢的性格只会偶尔伤害你，而傲慢
de biǎo qíng què huì shǐ nǐ bú duàn shòu dào shāng hài
的表情却会使你不断受到伤害。

dí dé luó
——狄德罗

zì fù shì ān fǔ yú rén de yì zhǒng má zuì jì
自负是安抚愚人的一种麻醉剂。

lái xīn
——莱辛

zì fù shì yí gè rén chuānshàng de zuì hǎo de kuī jiǎ
自负是一个人穿上的最好的盔甲。

jié luó mǔ
——杰罗姆

lǎo xiān sheng zuì bù xǐ huan de shì kuáng wàng。 qǐ zhī dào gǔ jīn zhèng què de xué lǐ，wěi dà de shì yè，dōu xì yì xiē bèi rén jiā zhe kuáng wàng míng hào de kuáng wàng rén suǒ fā míng chuàng zào chū lái de。

老先生最不喜欢的是狂妄。岂知道古今正确的学理，伟大的事业，都系一些被人加着狂妄名号的狂妄人所发明创造出来的。

máo zé dōng
——毛泽东

wàng zì zūn dà zhǐ bú guò shì wú zhī de jiǎ miàn jù ér yǐ。

妄自尊大只不过是无知的假面具而已。

fú ěr tài
——伏尔泰

zuì méi yǒu fáng bèi de shì dǎ shèng zhàng de rén。

最没有防备的是打胜仗的人。

xiǎn kè wēi zhī
——显克微支

lǎn duò
懒惰

shì jiè shàng zhǐ yǒu yí gè guài wù，jiù shì lǎn hàn。

世界上只有一个怪物，就是懒汉。

kǎ lái ěr
——卡莱尔

lǎn duò shì qiè nuò de ér zi，ér shū hū shì lǎn duò de

懒惰是怯懦的儿子，而疏忽是懒惰的

ér zi
儿子。

bó lā tú
——柏拉图

méi yǒu duō shǎo rén bù lǎn duò nà xiē qín fèn de rén
没有多少人不懒惰，那些勤奋的人，
dōu shì yì xiē yì zhì de lì liàng zài tuī dòng tā men
都是一些意志的力量在推动他们。

luó lán
——罗兰

lǎn duò shì suǒ jià jí gāo de
懒惰是索价极高的
shē chǐ pǐn yí dào qī qīng fù
奢侈品，一到期清付，
bì dìng cháng huán bù qǐ
必定偿还不起。

xú bēi hóng
——徐悲鸿

xí xián chéng lǎn xí lǎn chéng bìng
习闲成懒，习懒成病。

yán zhī tuī
——颜之推

rú guǒ lǎn duò bù chǎn shēng è xí huò huò huàn nà yě yí
如果懒惰不产生恶习或祸患，那也一
dìng chǎn shēng jǔ sàng
定产生沮丧。

shǐ mì sī
——史密斯

lǎn duò shòu dào de chéng fá bù jǐn jǐn shì zì jǐ de shī
懒惰受到的惩罚不仅仅是自己的失
bài hái yǒu bié rén de chéng gōng
败，还有别人的成功。

mǐ ěr lè nà ěr
——米尔·勒纳尔

lǎn duò xíng zǒu de nà me màn yǐ zhì pín qióng hěn kuài jiù
懒惰行走得那么慢，以致贫穷很快就
gǎn shàng le tā
赶上了它。

fù lán kè lín
——富兰克林

lǎn duò děng yú jiāng yí gè rén huó mái
懒惰等于将一个人活埋。

tài lè
——泰勒

zhèng rú jiāo ào yǒu shí cáng nì zài qiān bēi hòu miàn yí yàng
正如骄傲有时藏匿在谦卑后面一样，
lǎn duò wǎng wǎng wéi hùn luàn hé cōng máng suǒ yǎn gài
懒惰往往为混乱和匆忙所掩盖。

sài yīng ěr yuē hàn xùn
——塞缨尔·约翰逊

lǎn duò bú guò shì chǔn rén de bì nàn suǒ yú zhě de xiū
懒惰不过是蠢人的避难所，愚者的休
xi rì
息日。

qiè sī tè fēi ěr dé
——切斯特菲尔德

wǒ chángcháng dé dào zhè yàng yí gè yìn xiàng lǎn duò hé pí
我常常得到这样一个印象，懒惰和疲
fá de biǎo zhēng chà bù duō wán quán xiāng tóng
乏的表征差不多完全相同。

ài lún
——艾伦

guān dài yú yǒu chéng bìng jiā yú xiǎo yù huò shēng yú lǎn
官怠于有成，病加于小愈，祸生于懒
duò
惰。

hán yīng
——韩婴

yì zhī lǎn duò de yáng lián duì zì jǐ shēn shàng zhǎng de máo
一只懒惰的羊连对自己身上长的毛
yě jué de fù hè chén zhòng
也觉得负荷沉重。

léi yī
——雷伊

lǎn duò de jié guǒ shì zì jǐ dé bú dào chéng gōng què
懒惰的结果是：自己得不到成功，却
yǎn jiàn zhe bié rén chéng gōng
眼见着别人成功。

liè nà ěr
——列那尔

líng gǎn shì gè bù xǐ huan bài fǎng lǎn hàn de kè rén
灵感是个不喜欢拜访懒汉的客人。

liè bīn
——列宾

dù jì
妒忌

zēng hèn shì jī jí de bú kuài, dù jì shì xiāo jí de bú kuài. suǒ yǐ dù jì hěn róng yì zhuǎn huà wéi zēng hèn, jiù bù zú wéi guài le.

憎恨是积极的不快，妒忌是消极的不快。所以妒忌很容易转化为憎恨，就不足为怪了。

gē dé
——歌德

jí dù yóu rú yì zhī cāng ying, jīng guò shēn tǐ de yí qiè jiàn kāng bù fen, ér tíng zhǐ zài chuāngshāng de dì fang.

嫉妒犹如一只苍蝇，经过身体的一切健康部分，而停止在创伤的地方。

zhā pǔ màn
——查普曼

dù jì zhě wú ài.

妒忌者无爱。

ào sī dīng
——奥斯丁

gū dú de huā er, bú yào jí dù fán mì de cì er.

孤独的花儿，不要嫉妒繁密的刺儿。

tài gē ěr
——泰戈尔

shī chǒng hé dù jì céng jīng shǐ tiān shén duò luò
失宠和妒忌曾经使天神堕落。

hǎi niè
——海涅

dù jì duì dù jì zhě zhī wéi hài, yóu rú tiě xiù zhī yú tiě
妒忌对妒忌者之为害，犹如铁锈之于铁。

dí ān jí lì sī
——迪安吉利斯

zì jǐ wú dé de rén, què chángcháng dù jì tā rén de měi dé
自己无德的人，却常常妒忌他人的美德。

péi gēn
——培根

bú bèi rén jí dù, jiù bèi rén xiàn mù
不被人嫉妒，就被人羡慕。

āi sī kù luó sī
——埃斯库罗斯

lǐ mào
礼貌

lǐ mào bǐ fǎ lǜ gèng qiáng yǒu lì
礼貌比法律更强有力。

kǎ lái ěr
——卡莱尔

lǐ mào jīng cháng kě yǐ dài tì zuì gāo guì de gǎn qíng
礼貌经常可以代替最高贵的感情。

méi lǐ měi
——梅里美

jiǎng huà qì shì xiōng xiōng wèi bì jiù shì yán zhī yǒu lǐ
讲话气势汹汹，未必就是言之有理。
miàn shā zhē zhù de liǎn suī rán xiǎn de hěn chū sè rú guǒ jiē
面纱遮住的脸虽然显得很出色，如果揭
kāi lái wǎng wǎng shì gè lǎo tài pó
开来，往往是个老太婆。

sà dí
——萨迪

lǐ mào shì jiào yǎng de zhǔ yào biāo zhì
礼貌是教养的主要标志。

gé lā xī ān
——格拉西安

lǐ mào shì yì zhǒng huí shōu yǒu lǐ mào de zūn zhòng de yuàn wàng
礼貌是一种回收有礼貌的尊重的愿望。

lā luó shí fù kē
——拉罗什富科

lǐ mào wú xū huā fèi yì wén ér yíng dé yí qiè
礼貌无需花费一文而赢得一切。

méng tián
——蒙田

nǐ yào shì kàn jiàn péng you zhī jiān yòng zhe bú zì ran de
你要是看见朋友之间用着不自然的
lǐ mào de shí hou jiù kě yǐ zhī dào tā men de gǎn qíng yǐ
礼貌的时候，就可以知道他们的感情已

jīng shuāi luò
经衰落。

shā shì bǐ yà
——莎士比亚

jiǔ yáo jí shǐ xī shǎo zhǐ yào zhǔ rén hào kè yě yí yàng kě yǐ jìn huān
酒肴即使稀少，只要主人好客，也一样可以尽欢。

shā shì bǐ yà
——莎士比亚

jiāo jì de wén míng guī fàn shì yì zhǒng wú jià de zī běn
……交际的文明规范是一种无价的资本。

ā nà tuō lǐ fèi dí
——阿纳托里·费迪

liáng hǎo de lǐ mào yóu wēi xiǎo de xī shēng zǔ chéng
良好的礼貌由微小的牺牲组成。

ài mò shēng
——爱默生

qiè nuò shì miǎn yú yòu huò de zuì kě kào bǎo zhàng
怯懦是免于诱惑的最可靠保障。

mǎ kè tǔ wēn
——马克·吐温

lǐ mào shì ér tóng yǔ qīng nián píng shí suǒ yīng gāi tè bié
礼貌是儿童与青年平时所应该特别
xiǎo xīn de yǎng chéng xí guàn de dì yī jiàn dà shì
小心地养成习惯的第一件大事。

yuē hàn luò kè
——约翰·洛克

wēi xiào wēi xiào zài nòng diǎn er shì zuò zuo nà me
微笑，微笑，再弄点儿事做做。那么，
wú xū zhēn gàn nǐ shí jì shàng jiù huì tài rán zì ruò
无需真干，你实际上就会泰然自若。

shǐ dì wéi shǐ mì sī
——史蒂维·史密斯

rè qíng yǒu lǐ de tài dù shì biǎo xiàn wǒ chéng rèn nǐ
热情、有礼的态度是表现“我承认你
de zhòng yào xìng de yì zhǒng fāng shì
的重要性”的一种方式。

líng mù jiàn èr
——铃木健二

rén lèi zhǐ yǒu zài rè qíng mǎn huái shí cái xiǎn chū zhēn zhèng
人类只有在热情满怀时才显出真正
de wěi dà
的伟大。

dí sī lèi lǐ
——迪斯累里

lǐ mào bú huì shī qù shén me què néng dé dào yí qiè
礼貌不会失去什么，却能得到一切。

mǎ wò méng tǎ gǔ
——玛·沃·蒙塔古

liáng hǎo jiào yǎng de dǐng diǎn yǔ qí shuō biǎo xiàn zài bù yǔ rén zhēng bù rú shuō biǎo xiàn zài rè xīn zhù rén shàng
良好教养的顶点与其说表现在不与人争，不如说表现在热心助人上。

lǐ chá dé sī dì ěr
——理查德·斯蒂尔

lǐ mào shì bó ài de huā duǒ
礼貌是博爱的花朵。

rú bèi ěr
——儒贝尔

lǐ mào shì zuì róng yì zuò dào de shì yě shì zuì zhēn guì de dōng xī
礼貌是最容易做到的事，也是最珍贵的东西。

gāng chá ěr
——冈察尔

yí gè rén kě néng zài tā de lǐ mào zhōng xiāo shī de wú yǐng wú zōng
一个人可能在他的礼貌中消失得无影无踪。

suō luó
——梭罗

lǐ jié lǐ mào shì suǒ shì zhōng de shàn xíng
礼节礼貌是琐事中的善行。

xiǎo wēi lián pí tè
——小威廉·皮特

lǐ mào shì yì méi jiǎ bì shě bù de huā tā biǎo míng zhì
礼貌是一枚假币，舍不得花它表明智

lì de pín fá
力的贫乏。

shū běn huá
——叔本华

lǐ mào zhī yú rén xìng rú tóng rè liàng zhī yú là zhú
礼貌之于人性如同热量之于蜡烛。

shū běn huá
——叔本华

shì fǒu néng duì cū lǔ zhě bǎo chí nài xīn zhè shì jiǎn yàn
是否能对粗鲁者保持耐心，这是检验
liáng hǎo lǐ mào de biāo zhǔn
良好礼貌的标准。

suǒ luó mén yī běn jiā bǐ luò fū
——所罗门·伊本加比洛夫

dài fù guì rén bù nán yǒu lǐ ér nán yǒu tǐ dài
待富贵人，不难有礼，而难有体；待
pín jiàn rén bù nán yǒu ēn ér nán yǒu lǐ
贫贱人，不难有恩，而难有礼。

shǐ diǎn
——史典

gè xìng
个性

zài gè rén shēn shàng néng gòu dǎo zhì jué duì mǎn zú de jiù
在个人身上，能够导致绝对满足的就
shì zì wǒ gè xìng de shí xiàn jí zài shí jiàn shàng fā huī bié
是自我个性的实现，即在实践上发挥别

rén suǒ bù néng mó fǎng de zì jǐ de
人所不能模仿的自己的
tè diǎn
特点。

xī tián jǐ duō láng
——西田几多郎

rén men shēng ér píng děng dàn
人们生而平等，但
yòu shēng lái gè xìng gè yǒu qiān qiū
又生来个性各有千秋。

fú luò mǔ
——弗洛姆

yí gè rén de kě qǔ zhī chù zài yú tā hé bié rén de
一个人的可取之处在于他和别人的
bù tóng
不同。

fú lán kè fú tè
——弗兰克福特

yí gè rén de gè xìng yīng gāi xiàng yán shí yí yàng jiān gù
一个人的个性应该像岩石一样坚固，
yīn wèi suǒ yǒu de dōng xi dōu jiàn zhù zài tā shàng miàn
因为所有的东西都建筑在它上面。

tú gé niè fū
——屠格涅夫

jiē shì chū rén lèi tiān xìng de shì ruò diǎn ér xiǎn shì chū
揭示出人类天性的是弱点，而显示出
gè rén tè sè de zé shì yōu diǎn rén rén dōu yǒu gòng tóng de
个人特色的则是优点。人人都有共同的

缺点和不幸，而美德则各不相同。

——歌德

一个人的个性都有它自己的一套，理智也会被它牵着鼻子走。

——索尔·贝娄

人在很多情况下不仅不同于别人，而且在各时期中的自我也是各异的。

——帕斯卡尔

思想就是力量。个性的力量也是无比的。两者结合在一起，人就能创造出历史。

——亨·詹姆斯

人并不是“一般地”存在着……他的性格、气质、天资、性情正是他区别于其

tā rén de dì fang
他人的地方。

fú luò mǔ
——弗洛姆

měi gè rén dōu yǒu tā de yǐn cáng de jīng huá hé rèn hé bié de jīng huá bù tóng tā shǐ rén jù yǒu zì jǐ de qì wèi
每个人都有他的隐藏的精华，和任何别的精华不同，它使人具有自己的气味。

luó màn luó lán
——罗曼·罗兰

zuò wéi měi gè rén lái jiǎng zhǐ yǒu fā huī le zì jǐ de gè xìng cái néng míng què zì jǐ cún zài de lǐ yóu cái huì gǎn dào shēng huó de yì yì
作为每个人来讲，只有发挥了自己的个性，才能明确自己存在的理由，才会感到生活的意义。

dà sōng bó wén
——大松博文

yí gè méi yǒu rèn hé gè xìng de rén zhǐ néng zuò chū yì bān de chǎn pǐn zhǐ yǒu zài gōng zuò zhōng fā huī gè xìng cái néng yǒu xīn de diǎn zi zhǎo chū xīn de fāng xiàng
一个没有任何个性的人，只能做出一般的产品。只有在工作中发挥个性，才能有新的点子，找出新的方向。

dà sōng bó wén
——大松博文

jiù shì zhēn zhèng wěi dà de tè xìng rú guǒ bú fù zhū shí
就是真正伟大的特性，如果不付诸实

shī yě shì wǎng rán
施，也是枉然。

sà bù lái fū rén
——萨布莱夫人

rén yì shēng de rèn wu qià qià shì jì yào shí xiàn zì jǐ
人一生的任务恰恰是既要实现自己
de gè xìng tóng shí yòu yào chāo yuè zì jǐ de gè xìng
的个性，同时又要超越自己的个性。

fú luò mǔ
——弗洛姆

zhēn zhèng wěi dà bìng bú shì yīn wèi tā zuò de shì yè wěi
真正伟大并不是因为他做的事业伟
dà cái chēng qí wéi wěi dà ér shì yīn wèi tā fā huī le qiáng
大才称其为伟大，而是因为他发挥了强
dà de gè xìng
大的个性。

xī tián jǐ duō láng
——西田几多郎

měi gè rén dōu yǒu yì wù chōng fèn de kǎo lǜ zì jǐ de
每个人都有义务充分地考虑自己的
gè xìng yí gè rén de gè xìng yuè shì tā suǒ tè yǒu
个性……一个人的个性越是他所特有，
zé yuè shì hé tā
则越适合他。

xī sài luó
——西塞罗

gè xìng bì xū yǔ shì jiè guǎng fàn xiāng jiē chù suǒ yǐ tā
个性必须与世界广泛相接触，所以它

fēi pāo qì tā de gū dú zhī pǐ bù kě
非抛弃它的孤独之癖不可。

luó sù
——罗素

gāo jí xū yào de zhuī qiú
高级需要的追求
yǔ mǎn zú dǎo zhì gèng wěi dà
与满足导致更伟大、
gèng jiān qiáng yǐ jí gèng zhēn shí
更坚强，以及更真实
de gè xìng
的个性。

mǎ sī luò
——马斯洛

gè xìng de quán miàn fā zhǎn yì wèi zhe jīng shén fēng fù dào dé chún jié hé tǐ pò wán měi zài gè xìng zhōng de hé xié de jié hé
个性的全面发展意味着精神丰富、道德纯洁和体魄完美在个性中的和谐的结合。

zàn kē fū
——赞科夫

zhī jiào yù zhě yǔ qí shǒu chéng fǎ wú nìng shàng zì rán yǔ qí qiú huà yī wú nìng zhǎn gè xìng
知教育者，与其守成法，毋宁尚自然；与其求划一，毋宁展个性。

cài yuán péi
——蔡元培

dāng liáng xīn xiū chǐ xīn zé rèn xīn hé shì yè xīn zài
当良心、羞耻心、责任心和事业心在
nǐ de xīn líng zhōng yǒng yuǎn zhā xià gēn lái de shí hou nǐ jiù
你的心灵中永远扎下根来的时候，你就
huì xíng chéng yì zhǒng yǒu dào dé de gè xìng
会形成一种有道德的个性。

sū huò mǔ lín sī jī
——苏霍姆林斯基

zì zūn
自尊

zì zūn zì ài zuò wéi yì zhǒng lì qiú wán shàn de dòng
自尊自爱，作为一种力求完善的动
lì shì yí qiè wěi dà shì yè de yuān yuán
力，是一切伟大事业的渊源。

tú gé niè fū
——屠格涅夫

zhǐ yào zì zūn zì ài jiù néng xíng de zhèng
只要自尊自爱，就能行得正。

āi dé méng gōng gǔ ěr
——埃得蒙·龚古尔

zhēn shì zì jǐ de sī xiǎng de rén bì dāng zhēn shì zì jǐ
珍视自己的思想的人，必当珍视自己
de zūn yán
的尊严。

sū huò mǔ lín sī jī
——苏霍姆林斯基

gēn běn bù gāi wèi qǔ yuè bié rén ér shǐ zì jǐ shī jìng
根本不该为取悦别人而使自己失敬
yú rén
于人。

lú suō
——卢梭

zì zūn xīn shì yí gè rén pǐn dé de jī chǔ ruò shī
自尊心是一个人品德的基础。若失
qù le zì zūn xīn yí gè rén de pǐn dé jiù huì wǎ jiě
去了自尊心，一个人的品德就会瓦解。

sī tè nà fū rén
——斯特那夫人

rén yīng zūn jìng tā zì jǐ bìng yīng zì shì néng pèi de shàng
人应尊敬他自己，并应自视能配得上
zuì gāo shàng de dōng xi
最高尚的东西。

hēi gé ěr
——黑格尔

shuí zì zhòng shuí jiù huì dé dào zūn zhòng
谁自重，谁就会得到尊重。

bā ěr zhā kè
——巴尔扎克

zì zūn zì zhī zì zhì zhǐ yǒu zhè sān zhě cái néng
自尊，自知，自制，只有这三者才能
bǎ shēng huó yǐn xiàng zuì zūn guì de wáng guó
把生活引向最尊贵的王国。

dīng ní shēng
——丁尼生

jiàn lì zài zhèng yì yǔ zhèng què zhī shàng de zì zūn wǎng wǎng shì zuì yǒu bì yì de
建立在正义与正确之上的自尊往往是最有裨益的。

mí ěr dùn
——弥尔顿

wéi yī zhēn zhèng de nà zhǒng zūn yán jiù shì bú huì yīn tā rén de mò shì ér yǒu suǒ jiǎn sǔn de zūn yán
唯一真正的那种尊严，就是不会因他人的漠视而有所减损的尊严。

hā mǎ shě ěr dé
——哈马舍尔德

zì zūn bú shì qīng rén zì xìn bú shì zì mǎn dú lì bú shì gū lì
自尊不是轻人，自信不是自满，独立不是孤立。

xú tè lì
——徐特立

zhǐ yǒu zūn zhòng zì jǐ de rén cái huì zūn zhòng bié rén
只有尊重自己的人，才会尊重别人。

hēng lì zhān mǔ sī
——亨利·詹姆斯

yīn zì zūn xīn shòu sǔn ér méng fā de nù qì shì míng wán de zhí dào zuì zhōng yě jiǎn tuì bù liǎo bàn fēn
因自尊心受损而萌发的怒气是冥顽的，直到最终也减退不了半分。

sāng tǎ yà nà
——桑塔亚那

suī rán zūn yán bú shì yì
虽然尊严不是一
zhǒng měi dé, què shì xǔ duō měi
种美德，却是许多美
dé zhī mǔ
德之母。

kē lín sī tuō mǔ
——柯林斯托姆

zūn jìng bié rén, cái néng ràng
尊敬别人，才能让
rén zūn jìng
人尊敬。

dí kǎ ěr
——笛卡尔

bú yào ràng yí gè rén qù shǒu wèi tā de zūn yán, ér yīng
不要让一个人去守卫他的尊严，而应
ràng tā de zūn yán lái shǒu wèi tā
让他的尊严来守卫他。

ài mò shēng
——爱默生

qiān xùn
谦逊

bù mǎn zú shì xiàngshàng de chē lún
不满足是向上的车轮。

lǔ xùn
——鲁迅

áng zhe tóu chū zhēng jiā zhe wěi ba huí jiā shì yōng nú ér yòu hào zhàn de rén de cháng tài
昂着头出征，夹着尾巴回家，是庸驽而又好战的人的常态。

féng xuě fēng
——冯雪峰

wǒ men bú yào bǎ yǎn jing shēng zài tóu dǐng shàng zhì shǐ yòng le zì jǐ de jiǎo tà huài le wǒ men xiǎng dé zhī yú tiān shàng de dōng xi
我们不要把眼睛生在头顶上，致使用了自己的脚踏坏了我们想得之于天上的东西。

féng xuě fēng
——冯雪峰

fàng dàng gōng bú suì mǎn yíng shēn bì zāi
放荡功不遂，满盈身必灾。

zhāng yǒng
——张咏

yí gè rén rú guǒ bǎ cóng bié rén nà lǐ xué lái de dōng xi suàn zuò zì jǐ de fā xiàn zhè yě hěn jiē jìn yú xū jiāo
一个人如果把从别人那里学来的东西算作自己的发现，这也很接近于虚骄。

hēi gé ěr
——黑格尔

bù jiāo fāng néng shī rén zhī cháng ér zì chéng qí xué
不骄方能师人之长，而自成其学。

tán sì tóng
——谭嗣同

zuān yán rán ér zhī bù zú xū xīn shì cóng zhī bù zú ér
钻研然而知不足，虚心是从知不足而
lái de xū wěi de qiān xū jǐn néng bó dé yōng sú de zhǎng
来的。虚伪的谦虚，仅能博得庸俗的掌
shēng ér bù néng qiú dé zhēn zhèng de jìn bù
声，而不能求得真正的进步。

huà luó gēng
——华罗庚

xū jǐ zhě jìn dé zhī jī
虚己者进德之基。

fāng xiào rú
——方孝孺

rén shēng zhì yú shì wù wén jǐ guò rén shēng zhì è shì shàn
人生至愚是恶闻己过，人生至恶是善
tán rén guò
谈人过。

shēn jū yún
——申居郧

xū xīn shǐ rén jìn bù jiāo ào shǐ rén luò hòu wǒ men
虚心使人进步，骄傲使人落后，我们
yīng dāng yǒng yuǎn jì zhù zhè gè zhēn lǐ
应当永远记住这个真理。

máo zé dōng
——毛泽东

mǎn yíng zhě bù sǔn hé wéi shèn zhī shèn zhī
满盈者，不损何为？慎之！慎之！

zhū shùn shuǐ
——朱舜水

chǐ yǒu suǒ duǎn cùn yǒu suǒ cháng wù yǒu suǒ bù zú zhì yǒu suǒ bù míng

尺有所短；寸有所长。物有所不足；智有所不明。

qū yuán

——屈原

shèng mǎn yì wéi zāi qiān chōng héng shòu fú

盛满易为灾，谦冲恒受福。

zhāng tíng yù

——张廷玉

wǒ de zuò yòu míng shì rén bù kě yǒu ào qì dàn bù kě wú ào gǔ

我的座右铭是：人不可有傲气，但不可无傲骨。

xú bēi hóng

——徐悲鸿

lǎo shì bǎ zì jǐ dàng zhēn zhū jiù shí cháng yǒu pà bèi mái mò de tòng kǔ bǎ zì jǐ dàng ní tǔ ba ràng zhòng rén bǎ nǐ cǎi chéng lù

老是把自己当珍珠，就时常有怕被埋没的痛苦。把自己当泥土吧！让众人把你踩成路。

kǒng fán sēn

——孔繁森

qiān gù měi míng guò qiān zhě yí fáng qí zhà

谦固美名，过谦者，宜防其诈。

zhū xī

——朱熹

bù qiān xū de huà zhǐ néng yǒu zhè gè biàn jiě, jí quē shǎo qiān xū jiù shì quē shǎo jiàn shi

不谦虚的话只能有这个辩解，即缺少谦虚就是缺少见识。

fù lán kè lín

——富兰克林

qiè jì fú kuā pū zhāng

切忌浮夸铺张。

yǔ qí shuō de guò fèn, bù rú shuō de bù quán

与其说得过分，不如说得不全。

tuō ěr sī tài

——托尔斯泰

jǐn shèn bǐ dà dǎn yào yǒu lì liàng de duō

谨慎比大胆要有力量得多。

yǔ guǒ

——雨果

dāng wǒ men dà wéi qiān bēi de shí hou, biàn shì wǒ men zuì jìn yú wěi dà de shí hou

当我们大为谦卑的时候，便是我们最近于伟大的时候。

tài gē ěr

——泰戈尔

zhēn zhèng de qiān xū zhǐ néng shì duì xū róng xīn jìn xíng le

真正的谦虚只能是对虚荣心进行了

shēn sī yǐ hòu de chǎn wù
深思以后的产物。

bó gé sēn
——柏格森

wǒ yào zuò de shì bú guò shì shēn shǒu qù shōu gē páng rén
我要做的事，不过是伸手去收割旁人
tì wǒ bō zhòng de zhuāng jia ér yǐ
替我播种的庄稼而已。

gē dé
——歌德

gòu chéng wǒ men xué xí zuì dà zhàng ài de shì yǐ zhī de
构成我们学习最大障碍的是已知的
dōng xi ér bú shì wèi zhī de dōng xi
东西，而不是未知的东西。

bèi ěr nà
——贝尔纳

qiān xū shì bù kě quē shǎo de pǐn dé
谦虚是不可缺少的品德。

mèng dé sī jiū
——孟德斯鸠

zhī dào zì jǐ zhī dào shén me yě zhī dào zì jǐ bù zhī
知道自己知道什么，也知道自己不知
dào shén me zhè jiù shì zhēn zhèng de zhī shi
道什么，这就是真正的知识。

suǒ luó
——索罗

yí gè rén gǎn dào hài xiū de shì qing yuè duō jiù yuè zhí
一个人感到害羞的事情越多就越值

dé zūn jìng
得尊敬。

xiāo bó nà
——萧伯纳

rén shēng dà bìng, zhǐ shì yí "ào" zì.
人生大病，只是一“傲”字。

wáng yáng míng
——王阳明

jiàng jù jiàn zé yīng xióng sàn, cè bù cóng zé móu shì pàn.
将拒谏则英雄散，策不从则谋士叛。

huáng shí gōng
——黄石公

yǒng gǎn
勇敢

yǒng gǎn bú zài yú néng gòu miè shì wēi xiǎn, ér zài yú rèn qīng wēi xiǎn, zhàn shèng wēi xiǎn.
勇敢不在于能够蔑视危险，而在于认清危险，战胜危险。

bù lè sēn dōng
——布勒森东

nǐ ruò shī qù le cái chǎn——nǐ zhǐ shī qù le yì diǎn.
你若失去了财产——你只失去了一点。
nǐ ruò shī qù le róng yù——nǐ jiù diū diào le xǔ duō.
你若失去了荣誉——你就丢掉了许多。
nǐ ruò shī qù le yǒng gǎn——nǐ jiù bǎ yí qiè dōu
你若失去了勇敢——你就把一切都

shī diào le
失掉了！

gē dé
——歌德

rú guǒ nǐ shì nuò zhě nǐ zì jǐ nǎi shì nǐ zuì dà de
如果你是懦者，你自己乃是你最大的
dí rén dàn rú guǒ nǐ shì yǒng zhě nǐ zì jǐ nǎi shì nǐ zuì
敌人；但如果你是勇者，你自己乃是你最
dà de péng you
大的朋友。

fú lán kè
——弗兰克

yì zhī yóu xùn lù suǒ shuài lǐng de shī jūn shì jué bù kě
一支由驯鹿所率领的狮军，是绝不可
néng zài shì shī jūn de
能再是狮军的。

ná pò lún
——拿破仑

kuān róng
宽容

jì rén zhī cháng wàng rén zhī duǎn
记人之长，忘人之短。

zhāng jiǔ líng
——张九龄

tiān chēng qí gāo qián yǐ wú bú fù dì chēng qí guǎng zhě
天称其高乾，以无不覆；地称其广者，

yǐ wú bú zài rì yuè chēng qí
以无不载；日月称其
míng zhě yǐ wú bú zhào jiāng hé
明者，以无不照；江河
chēng qí dà zhě yǐ wú bù róng
称其大者，以无不容。

cáo zhí
——曹植

dà dù néng róng róng tiān xià
大肚能容，容天下
nán róng zhī shì cí yán cháng xiào
难容之事；慈颜常笑，
xiào shì shàng kě xiào zhī rén
笑世上可笑之人。

zhū yuán zhāng
——朱元璋

jūn zǐ xián ér néng róng bà zhī ér néng róng yú bó ér
君子贤而能容罢，知而能容愚，博而
néng róng qiǎn cuì ér néng róng zá
能容浅，粹而能容杂。

xún kuàng
——荀况

yǐ zé rén zhī xīn zé jǐ shù jǐ zhī xīn shù rén bú
以责人之心责己，恕己之心恕人，不
huàn bú dào shèng xián dì wèi
患不到圣贤地位。

zhū xī
——朱熹

bú huì kuān róng bié rén de rén shì bú pèi shòu dào bié rén
不会宽容别人的人，是不配受到别人
de kuān róng de dàn shì shuí néng shuō zì jǐ shì bù xū yào kuān
的宽容的。但是谁能说自己是不需要宽
róng de ne
容的呢？

tú gé niè fū
——屠格涅夫

liàng ruò bù kuān bù néng róng zhòng shí ruò bù míng bù kān dà
量若不宽不能容众，识若不明不堪大
yòng cái ruò bù cháng bù kān rèn zhòng lüè ruò bù shēn bù móu gōng
用，才若不长不堪任重，略若不深不谋公
gòng
共。

tián xī
——田锡

hé yǐ chǔ zhòng kuān yǐ jiē xià shù yǐ dài rén jūn
和以处众，宽以接下，恕以待人，君
zǐ rén yě
子人也。

lǐ bāng xiàn
——李邦献

jūn zǐ rěn rén suǒ bù néng rěn róng rén suǒ bù néng róng
君子忍人所不能忍，容人所不能容，
chǔ rén suǒ bù néng chǔ
处人所不能处。

mǎ nán tún
——马南屯

kuān bú bì shàn měng bú bì è wéi zài xìng zhī suǒ yòng
宽不必善，猛不必恶，唯在性之所用。
wèi rén ér chú hài rén zhě zé yù měng ér yù shàn duì hài rén
为人而除害人者，则愈猛而愈善，对害人
zhě ér róng zòng rén zé yù kuān ér yù è
者而容纵人，则愈宽而愈恶。

guō mò ruò
——郭沫若

bǎ bié rén duì nǐ de dǐ huǐ fàng zài chén tǔ zhōng ér bǎ
把别人对你的诋毁放在尘土中；而把
bié rén duì nǐ de ēn huì kè zài dà lǐ shí shàng
别人对你的恩惠刻在大理石上。

fù lán kè lín
——富兰克林

dāng zhēng duān lái dào yǎn qián zuì hǎo yǐn rěn zhè yàng
当争端来到眼前，最好隐忍，这样，
wēn hé cái néng guān bì jiū fēn zhī mén
温和才能关闭纠纷之门。

sà dí
——萨迪

shèng shì chuàng yè chuí tǒng zhī yīng xióng yǐ jīn huái huò dá
盛世创业垂统之英雄，以襟怀豁达
wéi dì yī yì mò shì fú wēi jiù nàn zhī yīng xióng yǐ xīn lì
为第一义；末世扶危救难之英雄，以心力
láo kǔ wéi dì yī yì
劳苦为第一义。

zēng guó fān
——曾国藩

xiōng jīn guǎng dà，yí cóng "píng"
胸襟广大，宜从"平"
dàn èr zì yòng gōng，fán rén wǒ zhī
"淡"二字用功，凡人我之
jì xū kàn de píng，gōng míng zhī jì xū kàn
际须看得平，功名之际须看
de dàn，shù jī xiōng huái rì kuò。
得淡，庶几胸怀日阔。

zēng guó fān
——曾国藩

曾国藩，清朝军事家、理学家、政治家、书法家、文学家。

kuān róng bìng bù děng yú fàng zòng。
宽容并不等于放纵。

yú wú jīn
——俞吾金

kuān róng de rén zuì wéi xìng jí，nài shòu lì qiáng de rén zuì
宽容的人最为性急，耐受力强的人最
bù kuān róng。
不宽容。

bèi ěr nài
——贝尔奈

zuì gāo guì de fù chóu shì kuān róng。
最高贵的复仇是宽容。

yǔ guǒ
——雨果

dé ráo rén chù qiě ráo rén。
得饶人处且饶人。

cáo xuě qín
——曹雪芹

jiān rèn
坚韧

yì lì shì yǒng jiǔ de xiǎng shòu
毅力是永久的享受。

bù lái kè
——布莱克

wěi dà de shì yè shì gēn yuán yú jiān rèn bú duàn de gōng zuò yǐ quán fù jīng shén qù cóng shì bú bì jiān kǔ
伟大的事业是根源于坚韧不断地工作，以全副精神去从事，不避艰苦。

luó sù
——罗素

rěn nài zhī cǎo shì kǔ de dàn zuì zhōng huì jié chū gān tián ér róu ruǎn de guǒ shí
忍耐之草是苦的，但最终会结出甘甜而柔软的果实。

xīn mǔ luò kè
——辛姆洛克

nài xīn hé chí jiǔ shèng yú jī liè de kuáng rè
耐心和持久胜于激烈的狂热。

lā fēng dān
——拉·封丹

rén men de yì lì shì héng liáng jué xīn de chǐ dù
人们的毅力是衡量决心的尺度。

mù tài nài bǐ
——穆泰奈比

一朝开始便永远能够将事业继续下去的人是幸福的。

——赫尔克

不急功近利，不患得患失，坚定不移地奠定基础、创造条件，自会有妙手偶得的乐趣。

——乔夫

所有坚韧不拔的努力迟早会取得报酬的。

——安格尔

唯坚韧者始能遂其志。

——富兰克林

忍耐虽然痛苦，果实却最香甜。

——萨迪

wán qiáng de yì lì kě yǐ zhēng fú shì jiè shàng rèn hé yí
顽强的毅力可以征服世界上任何一
zuò gāo fēng
座高峰。

dí gēng sī
——狄更斯

chéng shí
诚实

chéng shí shì zhì huì zhī shū de dì yī zhāng
诚实是智慧之书的第一章。

jié fú xùn
——杰弗逊

méi yǒu chéng shí hé lái zūn yán
没有诚实，何来尊严？

xī sài luó
——西塞罗

qiǎo zhà bù rú zhuō chéng
巧诈不如拙诚。

hán fēi zǐ
——韩非子

rén xìng de zūn yán yǔ guāng róng bú
人性的尊严与光荣不
zài jīng míng ér zài chéng shí
在精明而在诚实。

méng sēn
——蒙森

jūn zǐ yǎng xīn mò shàn yú chéng
君子养心莫善于诚。

xún kuàng
——荀况

fú gāo lùn ér xiāng qī bú ruò zhōng lùn ér chéng shí
夫高论而相欺，不若忠论而诚实。

wáng fú
——王符

chéng zhī zú tiān bù néng pín chéng wú qiú tiān bù néng jiàn
诚知足，天不能贫；诚无求，天不能贱。

wèi yuán
——魏源

yǒu le zhēn chéng cái huì yǒu xū xīn yǒu le xū xīn
有了真诚，才会有虚心；有了虚心，
cái kěn diū kāi zì jǐ qù liǎo jiě bié rén yě cái néng fàng xià
才肯丢开自己去了解别人，也才能放下
xū wěi de zì zūn xīn qù liǎo jiě zì jǐ
虚伪的自尊心去了解自己。

fù léi
——傅雷

yì wěi sàng bǎi chéng
一伪丧百诚。

yán zhī tuī
——颜之推

bù chéng zé yǒu lèi chéng zé wú lèi
不诚则有累，诚则无累。

yáng shí
——杨时

chéng shí bǐ yí qiè zhì móu gèng hǎo，ér qiě tā shì zhì móu de jī běn tiáo jiàn。

诚实比一切智谋更好，而且它是智谋的基本条件。

kāng dé
——康德

rú guǒ wǒ sàng shī le zhēn lǐ hé chéng shí，jiù děng yú hé wǒ de dí rén yì qǐ jī bài le wǒ zì jǐ。

如果我丧失了真理和诚实，就等于和我的敌人一起击败了我自己。

shā shì bǐ yà
——莎士比亚

鲁迅，原名周树人，字豫才，现代文学家、思想家、革命家。

yí gè chéng zhì、rè qíng，wèi zhe guāng míng ér dòu zhēng de rén，bù néng gòu bú shì kè kǔ ér fù zé de。

一个诚挚、热情，为着光明而斗争的人，不能够不是刻苦而负责的。

lǔ xùn
——鲁迅

chéng shí de rén cóng bù wèi zì jǐ de chéng shí ér gǎn dào hòu huǐ。

诚实的人从不为自己的诚实而感到后悔。

tuō fù lè
——托·富勒

jìn chéng kě yǐ jué xián cāi xùn gōng kě yǐ mǐ chán sù
尽诚可以绝嫌猜，徇公可以弭谗诉。

liú yǔ xī
——刘禹锡

chéng shí ér wú zhī shì ruǎn ruò de wú yòng de rán ér yǒu zhī shi ér bù chéng shí què shì wēi xiǎn de kě pà de
诚实而无知，是软弱的，无用的；然而有知识而不诚实，却是危险的，可怕的。

yuē hàn xùn
——约翰逊

lǎo lǎo shí shí zuì néng dǎ dòng rén xīn
老老实实最能打动人心。

shā shì bǐ yà
——莎士比亚

zài yí gè piàn rén de shì jiè lǐ chéng shí de rén fǎn ér huì bèi rén dàng piàn zi kàn dài
在一个骗人的世界里，诚实的人反而会被人当骗子看待。

jì dé
——纪德

学习与求知

xué xí
学习

qí miào de xué xí bù jǐn néng shǐ bù yú kuài de shì biàn
奇妙的学习不仅能使不愉快的事变
de jiào shǎo bù yú kuài ér qiě yě néng shǐ yú kuài de shì biàn
得较少不愉快，而且也能使愉快的事变
de gèng yú kuài
得更愉快。

luó sù
——罗素

xué rán hòu zhī bù zú jiāo rán hòu zhī kùn zhī bù
学然后知不足，教然后知困。知不
zú rán hòu néng zì fǎn yě zhī kùn rán hòu néng zì qiáng yě
足，然后能自反也；知困，然后能自强也。

kǒng qiū
——孔丘

xué ér bù sī zé wǎng sī ér
学而不思则罔，思而
bù xué zé dài
不学则殆。

kǒng qiū
——孔丘

yào xún xù jiàn jìn wǒ zǒu guò
要循序渐进！我走过
de dào lù jiù shì yì tiáo xún xù jiàn
的道路，就是一条循序渐
jìn de dào lù
进的道路。

huà luó gēng
——华罗庚

xué yè cái shí bù rì jìn zé rì tuì
学业才识，不日进，则日退。

zuǒ zōng táng
——左宗棠

shào ér hào xué rú rì chū zhī yáng zhuàng ér hào xué
少而好学，如日出之阳；壮而好学，
rú rì zhōng zhī guāng lǎo ér hào xué rú bǐng zhú zhī míng
如日中之光；老而好学，如秉烛之明。

liú xiàng
——刘向

hào wèn shì hǎo de rú guǒ zì jǐ bù xiǎng zhǐ
好问，是好的……如果自己不想，只
suí kǒu wèn jí shǐ néng dé dào zhèng què dá fù yě wèi bì shòu
随口问，即使能得到正确答复，也未必受

到大益。所以学问二字，“问”放在“学”的下面。

——谢觉哉

不登高山，不知天之高也；不临深谷，不知地之厚也；不闻先王之遗言，不知学问之大也。

——荀况

多见者博，多闻者智，拒谏者塞，专己者孤。

——桓宽

惜时、专心、苦读是做学问的一个好方法。

——蔡尚思

我们要振作精神，下苦功学习。下苦

gōng sān gè zì yí gè jiào xià yí gè jiào kǔ yí gè
功，三个字：一个叫下；一个叫苦；一个
jiào gōng yí dìng yào zhèn zuò jīng shen xià kǔ gōng
叫功，一定要振作精神，下苦功。

máo zé dōng
——毛泽东

qíng kuàng shì zài bú duàn de biàn huà yào shǐ zì jǐ de sī
情况是在不断地变化，要使自己的思
xiǎng shì yìng xīn de qíng kuàng jiù děi xué xí
想适应新的情况，就得学习。

máo zé dōng
——毛泽东

shì shì dòng míng jiē xué wen rén qíng liàn dá jí wén zhāng
世事洞明皆学问，人情练达即文章。

cáo xuě qín
——曹雪芹

nǐ men bì xū xiàng shàng yí dài xué xí bì xū zhǎng wò rén
你们必须向上一代学习，必须掌握人
lèi yǐ jīng qǔ dé de zuì yōu xiù de chéng guǒ rán hòu zài yóu
类已经取得的最优秀的成果，然后再由
cǐ tuī chén chū xīn
此推陈出新。

jiā lǐ níng
——加里宁

xué xí wài yǔ bìng bù nán xué xí wài yǔ jiù xiàng jiāo péng
学习外语并不难，学习外语就像交朋
you yí yàng péng you shì yuè jiāo wǎng yuè shú de tiān tiān jiàn
友一样，朋友是越交往越熟的，天天见

miàn péng you zhī jiān jiù qīn mì wú jiàn le
面，朋友之间就亲密无间了。

gāo shì qí
——高士其

jiā jǐn xué xí zhuā zhù zhōng xīn nìng jīng wù zá nìng zhuān wù duō
加紧学习，抓住中心，宁精勿杂，宁专勿多。

zhōu ēn lái
——周恩来

xué dào hěn duō dōng xi de jué qiào jiù shì yí xià zi bú yào xué hěn duō
学到很多东西的诀窍，就是一下子不要学很多。

luò kè
——洛克

rén de tiān cái zhǐ shì huǒ huā yào xiǎng shǐ tā chéng xióng xióng huǒ yàn nà jiù zhǐ yǒu xué xí xué xí
人的天才只是火花，要想使它成熊熊火焰，那就只有学习！学习！！！

gāo ěr jī
——高尔基

xué xí shì láo dòng shì chōng mǎn sī xiǎng de láo dòng
学习是劳动，是充满思想的劳动。

wū shēn sī jī
——乌申斯基

xué wen shì yì cháng zhēn guì de dōng xi, cóng rèn hé yuán quán xī shōu dōu bù kě chǐ.
学问是异常珍贵的东西，从任何源泉吸收都不可耻。

ā bǔ rì fǎ lā zī
——阿卜·日·法拉兹

dāng nǐ hái bù néng duì zì jǐ shuō jīn tiān xué dào le shén me dōng xi shí, nǐ jiù bú yào qù shuì jiào.
当你还不能对自己说今天学到了什么东西时，你就不要去睡觉。

lì xī dùn bǎo
——利希顿堡

qiú xué de sān gè tiáo jiàn shì: duō guān chá、duō chī kǔ、duō yán jiū.
求学的三个条件是：多观察、多吃苦、多研究。

jiā fēi láo
——加菲劳

cōng míng de rén yǒu cháng de ěr duo hé duǎn de shé tou.
聪明的人有长的耳朵和短的舌头。

fú lái gé
——弗莱格

wǒ de nǔ lì qiú xué méi yǒu dé dào bié de hǎo chù, zhǐ bú guò shì yù lái yù fā jué zì jǐ de wú zhī.
我的努力求学没有得到别的好处，只不过是愈来愈发觉自己的无知。

dí kǎ ěr
——笛卡尔

zhī shi
知识

wú zhī shì mí xìn zhī mǔ
无知是迷信之母。

bā ěr zhā kè
——巴尔扎克

zhī shi shì rén shēng lǚ tú zhōng de zī liáng
知识是人生旅途中的资粮。

yǔ guǒ
——雨果

zhī shi shì jīng shén shí liáng
知识是精神食粮。

bó lā tú
——柏拉图

zuì néng ràng rén huái yí yí qiè de mò guò yú zhī shi de pín fá
最能让人怀疑一切的莫过于知识的贫乏。

péi gēn
——培根

rén yǒu duō shǎo zhī shi jiù yǒu duō shǎo lì liàng tā de zhī shi hé tā de néng lì shì xiāng dāng de
人有多少知识，就有多少力量，他的知识和他的能力是相当的。

péi gēn
——培根

zhī shi jiù shì lì liàng
知识就是力量。

péi gēn
——培根

yí qiè zhī shi yǔ hào qí hào qí shì zhī shi de zhǒng
一切知识与好奇（好奇是知识的种
zi běn shēn jiù gěi rén yì zhǒng yú kuài de yìn xiàng
子）本身就给人一种愉快的印象。

péi gēn
——培根

méi yǒu zhī shi jiù bù kě néng duì shēng huó zuò chū zhèng què
没有知识就不可能对生活做出正确
de jiě shì
的解释。

gāo ěr jī
——高尔基

rén de zhī shi yuè guǎng rén de běn shēn yě yù wán shàn
人的知识越广，人的本身也愈完善。

gāo ěr jī
——高尔基

gāo shàng de shēng huó shì shòu ài jī lì bìng yóu zhī shi dǎo
高尚的生活是受爱激励并由知识导
yǐn de shēng huó méi yǒu zhī shi de ài yǔ méi yǒu ài de
引的生活……没有知识的爱与没有爱的
zhī shi dōu bù kě néng chǎn shēng gāo shàng de shēng huó
知识，都不可能产生高尚的生活。

luó sù
——罗素

yí qiè cái néng dōu yào kào zhī shi lái yíng yǎng zhè yàng cái
一切才能都要靠知识来营养，这样才
huì shī zhǎn cái néng de lì liàng
会施展才能的力量。

gē dé
——歌德

kē xué yán jiū hǎo xiàng zuān mù bǎn yǒu rén xǐ huan zuān báo
科学研究好像钻木板，有人喜欢钻薄
de ér wǒ xǐ huan zuān hòu de
的；而我喜欢钻厚的。

ài yīn sī tǎn
——爱因斯坦

zhī shi shì yǐn dǎo rén men kàn dào guāng míng hé zhēn shí jìng
知识是引导人们看到光明和真实境
jiè de dēng zhú
界的灯烛。

lǐ dà zhāo
——李大钊

李大钊，字守常，河北乐亭人，中国共产党主要创始人之一。

xiōng zhōng wú xué yóu rú
胸中无学，犹如
shǒu zhōng wú qián yě
手中无钱也。

wáng chōng
——王充

zhī shi de wèn tí shì yí gè kē
知识的问题是一个科
xué de wèn tí lái bù de bàn diǎn xū wěi hé jiāo ào jué dìng
学的问题，来不得半点虚伪和骄傲，决定

de dào shì qí fǎn miàn chéng shí hé qiān xùn de tài dù
的倒是其反面——诚实和谦逊的态度。

máo zé dōng
——毛泽东

zhī shi yóu rú rén tǐ de xuè yè yí yàng bǎo guì
知识犹如人体的血液一样宝贵。

gāo shì qí
——高士其

nǐ bù néng chì shǒu kōng quán de kāi shǐ nǐ de xíng chéng nǐ
你不能赤手空拳地开始你的行程，你
bì xū yòng zhī shi bǎ zì jǐ wǔ zhuāng qǐ lái nǐ bì xū duàn
必须用知识把自己武装起来，你必须锻
liàn chū jiàn zhuàng de shēn tǐ hé zú gòu de yǒng qì
炼出健壮的身体和足够的勇气。

sòng qìng líng
——宋庆龄

fú xué xū jìng yě cái xū xué yě fēi xué wú yǐ guǎng
夫学须静也，才须学也，非学无以广
cái fēi zhì wú yǐ chéng xué
才，非志无以成学。

zhū gě liàng
——诸葛亮

yàng yàng dōu xué de jié guǒ shì yì wú suǒ chéng rén hěn
样样都学的结果是一无所成。人很
kě néng shòu dào yàng yàng jiē zhī de hài
可能受到“样样皆知”的害。

yǔ guǒ
——雨果

ruò shì yí gè rén duì yú mǒu yì zhǒng jì yì méi yǒu zhī
若是一个人对于某一种技艺没有知
shi tā duì yú nà zhǒng jì yì de yǔ yán hé zuò wéi jiù bù
识，他对于那种技艺的语言和作为，就不
néng zuò zhèng què de pàn duàn le
能做正确的判断了。

bó lā tú
——柏拉图

zhǐ yǒu yòng rén lèi chuàng zào de quán bù zhī shi cái fù lái
只有用人类创造的全部知识财富来
fēng fù zì jǐ de tóu nǎo cái néng chéng wéi gòng chǎn zhǔ yì zhě
丰富自己的头脑，才能成为共产主义者。

liè níng
——列宁

chǔn rén zǒng shì tí chū qiān nián qián de cōng míng rén yǐ jīng
蠢人总是提出千年前的聪明人已经
huí dá le de wèn tí
回答了的问题。

gē dé
——歌德

zhī shi de lì shǐ yóu rú yì zhī wěi dà de fù yīn qǔ
知识的历史犹如一支伟大的复音曲，
zài zhè zhī qǔ zi lǐ yī cì xiǎng qǐ gè mín zú de shēng yīn
在这只曲子里依次响起各民族的声音。

gē dé
——歌德

tiān rán de cái néng hǎo xiàng tiān rán de zhí wù xū yào xué
天然的才能好像天然的植物，需要学

wen lái xiū jiǎn
问来修剪。

péi gēn
——培根

chú le zhī shi hé xué wen zhī wài shì shàng méi yǒu rèn hé
除了知识和学问之外，世上没有任何
qí tā lì liàng néng zài rén de jīng shén hé xīn líng zhōng zài rén
其他力量能在人的精神和心灵中，在人
de sī xiǎng xiǎng xiàng jiàn jiě hé xìn yǎng zhōng jiàn lì qǐ tǒng zhì
的思想、想象、见解和信仰中建立起统治
hé quán wēi
和权威。

péi gēn
——培根

zài měi gè guó jiā zhī shi dōu shì gōng gòng xìng fú de zuì
在每个国家，知识都是公共幸福的最
kě kào de jī chǔ
可靠的基础。

huá shèng dùn
——华盛顿

zhī shi hé shì gù bù
知识和世故不
tóng zhēn yǒu xué wen de rén
同，真有学问的人
wǎng wǎng shì hěn tiān zhēn de
往往是很天真的。

luó màn luó lán
——罗曼·罗兰

dú shū
读书

dú shū suī kě xǐ, hé rú gōng jiàn lǚ? jī jīn bù jī
读书虽可喜，何如躬践履？积金不积
shū, shǒu cái yì hé bǐ?
书，守财一何鄙？

liú yán
——刘岩

dú shū pò wàn juàn, xià bǐ rú yǒu shén.
读书破万卷，下笔如有神。

dù fǔ
——杜甫

yí gè rén zuò shì bù zhuān, zhè yàng nòng yì diǎn, nà yàng
一个人做事不专，这样弄一点，那样
nòng yì diǎn, jì yào fān yì, yòu yào zuò xiǎo shuō, hái yào zuò
弄一点，既要翻译，又要做小说，还要做
pī píng, bìng qiě yě yào zuò shī, zhè zěn me nòng de hǎo ne?
批评，并且也要作诗，这怎么弄得好呢？

lǔ xùn
——鲁迅

dú guò yì běn hǎo shū, jiù xiàng jiāo le yí gè yì yǒu.
读过一本好书，就像交了一个益友。

zāng kè jiā
——臧克家

měi dāng dì yī biàn dú yì běn hǎo shū de shí hou, wǒ fǎng
每当第一遍读一本好书的时候，我仿

fú jué de zhǎo dào le yí gè péng you dāng wǒ zài yí cì dú
佛觉得找到了一个朋友；当我再一次读
zhè běn shū de shí hou fǎng fú yòu hé lǎo péng yǒu chóng féng
这本书的时候，仿佛又和老朋友重逢。

fú ěr tài
——伏尔泰

gè zhǒng chǔn shì zài měi tiān yuè dú hǎo shū de qíng kuàng
各种蠢事，在每天阅读好书的情况
xià fǎng fú kǎo zài huǒ shàng yí yàng jiàn jiàn róng huà
下，仿佛烤在火上一样，渐渐熔化。

yǔ guǒ
——雨果

dú shū bú shì wèi le xióng biàn hé bó chì yě bú shì wèi
读书不是为了雄辩和驳斥，也不是为
le qīng xìn hé máng cóng ér shì wèi le sī kǎo hé quán héng
了轻信和盲从，而是为了思考和权衡。

péi gēn
——培根

dú shū xū shì biàn bù zhōu mǎn mǒu cháng yǐ wéi nìng xiáng
读书须是遍布周满。某尝以为宁详
wú lüè nìng xià wú gāo nìng zhuō wú qiǎo nìng jìn wú yuǎn
毋略，宁下毋高，宁拙毋巧，宁近毋远。

zhū xī
——朱熹

dú shū yǒu sān dào wèi xīn dào yǎn dào kǒu dào xīn
读书有三到，谓心到，眼到，口到。心
bú zài cǐ zé yǎn bú kàn zǐ xì xīn yǎn jí bù zhuān yī
不在此，则眼不看仔细，心眼即不专一，

què zhǐ màn kàn sòng dú, jué bù néng jì, jì bù néng jiǔ yě.
却只漫看诵读，绝不能记，记不能久也。
sān dào zhī zhōng, xīn dào zuì jí.
三到之中，心到最急。

zhū xī
——朱熹

xué guì jīng bú guì kuān …… zhī dé shí jiàn ér dōu bú dào dì, bù rú zhī dé yí jiàn què dào dì yě.
学贵精不贵宽……知得十件而都不到地，不如知得一件却到地也。

dài zhèn
——戴震

dú shū qiú jīng bù qiú duō, fēi bù duō yě. wéi jīng nǎi néng yùn duō, tú duō tú làn ěr.
读书求精不求多，非不多也。唯精乃能运多，徒多徒烂耳。

zhèng bǎn qiáo
——郑板桥

dú shū hǎo sì pá shān, pá de yuè gāo, wàng de yuè yuǎn; dú shū hǎo sì gēng yún, hàn shuǐ liú de duō, shōu huò gèng fēng shí.
读书好似爬山，爬得越高，望得越远；读书好似耕耘，汗水流得多，收获更丰实。

zāng kè jiā
——臧克家

dú shū qū jiǎn yào yán shuō qù zá rǒng
读书趋简要，言说去杂冗。

ōu yáng xiū
——欧阳修

dú shū wù qiú duō suì yuè jì jī juàn zhì zì fù
读书勿求多，岁月既积卷帙自富。

féng bān
——冯班

wài wù zhī wèi jiǔ zé kě yàn dú shū zhī wèi yù jiǔ yù shēn
外物之味，久则可厌；读书之味，愈久愈深。

chéng yí
——程颐

dú shǐ shǐ rén míng zhì dú shī shǐ rén líng xiù shù xué shǐ rén yán mì wù lǐ xué shǐ rén shēn kè lún lǐ xué shǐ rén zhuāngzhòng luó jí xué xiū cí xué shǐ rén shàn biàn fán yǒu xué zhě jiē chéng xìng gé
读史使人明智，读诗使人灵秀，数学使人严密，物理学使人深刻，伦理学使人庄重，逻辑学、修辞学使人善辩；凡有学者，皆成性格。

péi gēn
——培根

shū kàn duō le wén zhāng zì ran jiù huì xiě le
书看多了，文章自然就会写了。

lǔ xùn
——鲁迅

shū jí
书籍

shū zhè shì zhè yí dài rén duì lìng yí dài rén jīng shén shàng
书，这是这一代人对另一代人精神上
de yí yán zhè shì jiāng sǐ de lǎo rén duì gāng gāng kāi shǐ shēng
的遗言，这是将死的老人对刚刚开始生
huó de qīng nián rén de zhōng gào zhè shì zhǔn bèi qù xiū xi de
活的青年人的忠告，这是准备去休息的
shào bīng duì qián lái dài tì tā de gǎng wèi de shào bīng de mìng lìng
哨兵对前来代替他的岗位的哨兵的命令。

hè ěr cén
——赫尔岑

shū jí shì quán shì jiè rén de yíng yǎng pǐn
书籍是全世界人的营养品。

shā shì bǐ yà
——莎士比亚

shū jí dāng dài zhēn zhèng de dà xué
书籍——当代真正的大学。

tuō mǎ sī kǎ lái ěr
——托马斯·卡莱尔

shū jí jù yǒu bù xiǔ de mèi lì tā shì rén lèi huó
书籍具有不朽的魅力。它是人类活
dòng de zuì cháng jiǔ de guǒ shí
动的最长久的果实。

shǐ měi ěr sī
——史美尔斯

yōu xiù de shū jí xiàng yí gè zhì huì shàn liáng de zhǎng zhě
优秀的书籍像一个智慧善良的长者，
chān fú zhe wǒ shǐ wǒ yí bù bù xiàng qián zǒu bìng qiě zhú jiàn
搀扶着我，使我一步步向前走，并且逐渐
dǒng de le shì jiè
懂得了世界。

qín mù
——秦牧

shū fù rú rù hǎi bǎi huò jiē yǒu rén zhī jīng lì
书富如入海，百货皆有。人之精力，
bù néng jiān shōu jìn qǔ dàn dé qí suǒ yù qiú zhě ěr gù
不能兼收尽取，但得其所欲求者尔。故
yuàn xué zhě měi cì zuò yí yì qiú zhī
愿学者每次作一意求之。

sū shì
——苏轼

hé shū jí shēng huó zài yì qǐ yǒng
和书籍生活在一起，永
yuǎn bú huì tàn qì
远不会叹气。

luó màn luó lán
——罗曼·罗兰

shū jí shì zài shí dài bō tāo
书籍是在时代波涛
zhōng háng xíng de sī xiǎng zhī chuán tā
中航行的思想之船，它
xiǎo xīn yì yì de bǎ zhēn guì de
小心翼翼地把珍贵的

苏轼，号东坡居士，中国北宋文豪，豪放派代表人物之一。

货物运送给一代又一代的人。

——培根

在我看来，最好的书是那些能够提供最丰富的思考材料的书。

——法朗士

图书馆并不是制造出来的；它们是生长成的。

——巴劳尔

我觉得，当书本给我讲到闻所未闻，见所未见的人物、感情、思想和态度时，似乎是每本书都在我面前打开了一扇窗户，让我看到一个不可思议的新世界。

——高尔基

要热爱书，它会使你的生活轻松；它

会友爱地来帮助你了解纷繁复杂的思想、情感和事件；它会教导你尊重别人和你自己；它以热爱世界、热爱人类的情感来鼓舞智慧和心灵。

——高尔基

书籍鼓舞了我的智慧和心灵，它帮助我从腐臭的泥潭中脱身出来；如果没有它们，我就会溺死在那里面，会被愚笨和鄙陋的东西呛住。

——高尔基

书籍使我变成了一个幸福的人，使我的生活变成轻快而舒适的诗，好像新生活的钟声在我的生活中鸣响了。

——高尔基

shū shì rén lèi jìn bù de jiē
书是人类进步的阶
tī zhōngshēng de bàn lǚ zuì chéng zhì
梯，终生的伴侣，最诚挚
de péng you
的朋友。

gāo ěr jī
——高尔基

lǐ xiǎng de shū jí shì zhì huì
理想的书籍，是智慧
de yào shi
的钥匙。

tuō ěr sī tài
——托尔斯泰

rén lèi de quán bù shēng huó dōu yī cì zài shū běn zhōng liú
人类的全部生活都依次在书本中留
xià yìn jì zhǒng zú rén qún guó jiā xiāo shì le shū què
下印记。种族、人群、国家消逝了，书却
yī rán cún zài
依然存在。

hè ěr cén
——赫尔岑

kē xué
科学

wèi le zhào liàng dì qiú shēn chù zài hēi àn zhī zhōng kàn dào
为了照亮地球深处，在黑暗之中看到

yùn cáng fēng fù de kuàng chǎn zī yuán，kē xué zhī dēng shì bì xū de。
蕴藏丰富的矿产资源，科学之灯是必需的。

mén jié liè fū
——门捷列夫

kē xué yǔ yì shù shǔ yú zhěng gè shì jiè，zài tā men miàn qián，mín zú de zhàng ài dōu xiāo shī le。
科学与艺术属于整个世界，在它们面前，民族的障碍都消失了。

gē dé
——歌德

yīng dāng rè ài kē xué，yīn wèi rén lèi méi yǒu shén me lì liàng bǐ kē xué gèng qiáng dà、gèng suǒ xiàng wú dí de le。
应当热爱科学，因为人类没有什么力量比科学更强大、更所向无敌的了。

gāo ěr jī
——高尔基

kē xué shì wǒ xīn zhōng de wēn nuǎn hé yú kuài，nǐ shǐ wǒ wú suǒ wèi jù，shì sǐ rú guī。rù yù zhě nán dé chóng jiàn tiān rì，nǐ què néng bǎ suǒ liàn hé tiě chuāng fěn suì。
科学是我心中的温暖和愉快，你使我无所畏惧，视死如归。入狱者难得重见天日，你却能把锁链和铁窗粉碎。

bù lǔ nuò
——布鲁诺

bǎ jiǎn dān de shì qing kǎo lǜ de hěn fù zá，kě yǐ fā xiàn xīn lǐng yù；bǎ fù zá de xiàn xiàng kàn de hěn jiǎn dān，kě
把简单的事情考虑得很复杂，可以发现新领域；把复杂的现象看得很简单，可

yǐ fā xiàn xīn dìng lǜ
以发现新定律。

niú dùn
——牛顿

zài kē xué shàng méi yǒu píng tǎn de dà dào zhǐ yǒu bú wèi jiān xiǎn yán zhe dǒu qiào shān lù pān dēng de rén cái yǒu xī wàng dá dào guāng huī de dǐng diǎn
在科学上没有平坦的大道，只有不畏艰险沿着陡峭山路攀登的人，才有希望达到光辉的顶点。

mǎ kè sī
——马克思

zài lì shǐ shàng rèn hé kē xué shàng de zhòng dà fā míng chuàng zào dōu shì yóu yú fā míng zhě chōng fèn fā huī le zhè zhǒng dú chuàng jīng shén
在历史上，任何科学上的重大发明创造，都是由于发明者充分发挥了这种独创精神。

huà luó gēng
——华罗庚

kē xué shì jiǎng qiú shí jì de kē xué shì lǎo lǎo shí shí de xué wen lái bù dé bàn diǎn xū jiǎ xū yào fù chū jiān jù de láo dòng
科学是讲求实际的。科学是老老实实的学问，来不得半点虚假，需要付出艰巨的劳动。

guō mò ruò
——郭沫若

请将不干胶对号入座，贴在正文中相应的位置。

诸葛亮

王安石

苏轼

鲁迅

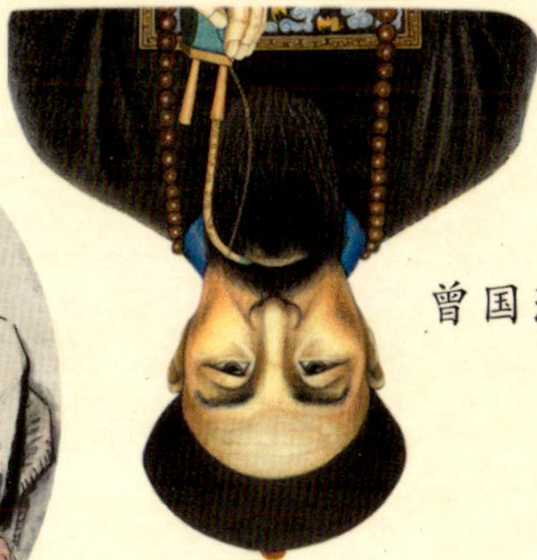

曾国藩

高斯

李大钊

陶行知

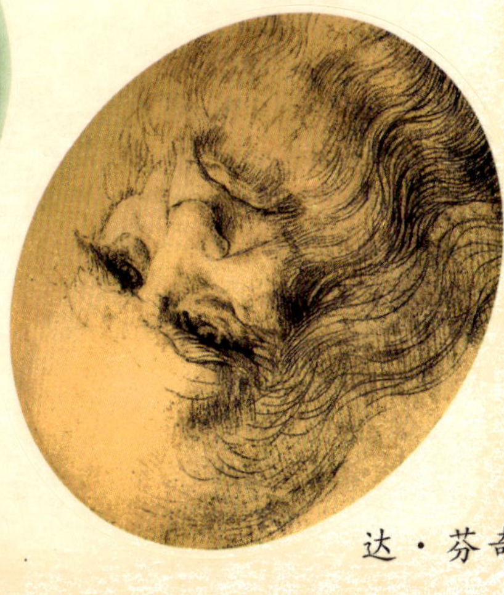

达·芬奇

kē xué jiù shì zhěng lǐ shì shí yǐ biàn cóng zhōng dé chū pǔ
科学就是整理事实，以便从中得出普
biàn de guī lǜ huò jié lùn
遍的规律或结论。

dá ěr wén
——达尔文

wǒ yì shēng de zhǔ yào lè qù hé wéi yī zhí wù jiù shì
我一生的主要乐趣和唯一职务就是
kē xué gōng zuò
科学工作。

dá ěr wén
——达尔文

láo dòng shēng chǎn lì shì suí zhe kē xué hé jì shù de bú
劳动生产力是随着科学和技术的不
duàn jìn bù ér bú duàn fā zhǎn de
断进步而不断发展的。

mǎ kè sī
——马克思

kē xué jué bú shì yì zhǒng zì sī de xiǎng shòu yǒu xìng néng
科学绝不是一种自私的享受，有幸能
gòu zhì lì yú kē xué yán jiū de rén shǒu xiān yīng gāi ná zì
够致力于科学研究的人，首先应该拿自
jǐ de xué shí wèi rén lèi fú wù
己的学识为人类服务。

mǎ kè sī
——马克思

kē xué de quán bù mù dì jiù shì yǒu yì shí de qǔ dé
科学的全部目的，就是有意识地取得

dà zì rán wú dài jià de fù yǔ qīng
大自然无代价的赋予青
chūn de yí qiè
春的一切。

tú gé niè fū
——屠格涅夫

rú guǒ xiàng nǐ suǒ duàn yán
如果像你所断言
de jì shù zài hěn dà chéng dù
的，技术在很大程度
shàng yī lài yú kē xué zhuàngkuàng
上依赖于科学状况，
nà me kē xué zhuàngkuàng què zài gèng dà
那么科学状况却在更大
de chéng dù shàng yī lài yú jì shù de zhuàngkuàng hé xū yào
的程度上依赖于技术的状况和需要。

ēn gé sī
——恩格斯

kē xué jì shù zhè yí zhàng yí dìng yào dǎ ér qiě bì
科学技术这一仗，一定要打，而且必
xū dǎ hǎo
须打好。

máo zé dōng
——毛泽东

jiào yù
教育

wèi shòu jiào yù de tiān cái yóu rú kuàngzhōng zhī yín
未受教育的天才，犹如矿中之银。

fù lán kè lín
——富兰克林

jí yán kù de chéng fá hǎo chù hěn shǎo bù tā zài jiào
极严酷的惩罚好处很少，不，它在教
yù shàng de hài chù hái hěn dà bìng qiě wǒ yě xiāng xìn shòu
育上的害处还很大；并且我也相信，受
fá zuì zhòng de ér tóng zhǎng dà le hěn shǎo yǒu chéng wéi zuì hǎo
罚最重的儿童，长大了很少有成为最好
de chéng rén de
的成人的。

luò kè
——洛克

jiào dǎo yuán bù yīng dāng zài mò bù guān xīn de yán jiū xué
教导员不应当在漠不关心地研究学
sheng de guò chéngzhōng lái rèn shi xué sheng ér yīng dāng zài hé tā
生的过程中来认识学生，而应当在和他
gòng tóng gōng zuò hé jī jí bāng zhù de guò chéngzhōng lái rèn shi xué
共同工作和积极帮助的过程中来认识学
sheng
生。

mǎ kǎ lián kē
——马卡连柯

shuí ruò xī wàng zì jǐ de ér zi zūn zhòng tā hé tā de
谁若希望自己的儿子尊重他和他的
mìng lìng tā zì jǐ biàn yīng shí fēn zūn zhòng tā de ér zi
命令，他自己便应十分尊重他的儿子。

luò kè
——洛克

sān rén xíng bì yǒu wǒ shī yān zé qí shàn zhě ér cóng
三人行，必有我师焉，择其善者而从
zhī qí bú shàn zhě ér gǎi zhī
之，其不善者而改之。

kǒng qiū
——孔丘

jiào yù de gēn shì kǔ de dàn qí guǒ shí shì tián de
教育的根是苦的，但其果实是甜的。

yà lǐ shì duō dé
——亚里士多德

yǔ qí bú shòu jiào yù bù rú bù shēng yīn wèi wú zhī
与其不受教育，不如不生，因为无知
shì bú xìng de gēn yuán
是不幸的根源。

bó lā tú
——柏拉图

fú shī yǐ shēn wéi zhèng yí ér guì zì ān zhě yě
夫师，以身为正仪，而贵自安者也。

xún kuàng
——荀况

zhǎng zhě xū shì zhǐ dǎo zhě xié shāng zhě què bù gāi shì
长者须是指导者、协商者，却不该是

mìng lìng zhě
命令者。

lǔ xùn
——鲁迅

yí gè hǎo de jiào shī shì yí gè dǒng de xīn lǐ xué hé
一个好的教师，是一个懂得心理学和
jiào yù xué de rén
教育学的人。

sū huò mǔ lín sī jī
——苏霍姆林斯基

zuò mǔ qīn de wú lùn zěn yàng máng tā bì xū zhǎo shí jiān
做母亲的无论怎样忙，她必须找时间
jiào yǎng hái zi jí shǐ yǐng xiǎng le zì jǐ de xiū xi huò zhě
教养孩子，即使影响了自己的休息或者
jiā wù láo zuò
家务劳作。

mǎ huò wá
——马霍娃

pí biān bù zhǐ huì biǎn dī hái zi de zūn yán yě huì huǐ
皮鞭不只会贬低孩子的尊严，也会毁
sǔn hái zi de xīn líng huì zài xīn líng zhōng tóu rù zuì yīn chén
损孩子的心灵，会在心灵中投入最阴沉、
zuì bēi xià de yīn yǐng wèi suō qiè nuò chóu shì rén lèi hé
最卑下的阴影：畏缩、怯懦、仇视人类和
xū wěi
虚伪。

sū huò mǔ lín sī jī
——苏霍姆林斯基

yí gè rén bù dǒng xiǎo hái de xīn lǐ xiǎo hái de wèn
一个人不懂小孩的心理、小孩的问
tí xiǎo hái de kùn nan xiǎo hái de yuàn wàng xiǎo hái de pí
题、小孩的困难、小孩的愿望、小孩的脾
qi rú hé néng jiāo xiǎo hái rú hé néng zhī dào xiǎo hái de
气，如何能教小孩？如何能知道小孩的
lì liàng cóng ér ràng tā men fā huī xiǎo xiǎo de chuàng zào lì
力量？从而让他们发挥小小的创造力？

táo xíng zhī
——陶行知

陶行知，原名陶文濬，中国著名教育家。

hái zi de shì jiè yǔ chéng
孩子的世界，与成
rén jié rán bù tóng tǎng bù xiān xíng
人截然不同；倘不先行
lǐ jiě yí wèi mán qiú biàn dà
理解，一味蛮求，便大
ài yú hái zi de fā zhǎn
碍于孩子的发展。

lǔ xùn
——鲁迅

zhèng què jiào yù zǐ nǚ de fāng fǎ wǒ men yǐ wéi zuì
正确教育子女的方法，我们以为最
zhǔ yào de yīng gāi shì ài hé yán xiāng jié hé
主要的应该是爱和严相结合。

wú yù zhāng
——吴玉章

zūn zhòng shì yí dào zhà lan jì bǎo hù zhe fù mǔ yě
尊重是一道栅栏，既保护着父母，也

bǎo hù zhe zǐ nǚ, shǐ fù mǔ bú yòng yōu chóu, shǐ zǐ nǚ bú yòng huǐ hèn。
保护着子女，使父母不用忧愁，使子女不用悔恨。

——bā ěr zhā kè
——巴尔扎克

jiào yù zhī yú xīn líng, yóu diāo kè zhī yú dà lǐ shí。
教育之于心灵，犹雕刻之于大理石。

——ài dí shēng
——爱迪生

xīn píng qì hé de rèn zhēn hé shí shì qiú shì de zhǐ dǎo, cái shì jiā tíng jiào dǎo huó dòng yīng yǒu de wài bù biǎo xiàn, ér bù yīng dāng shì zhuān hèng、fèn nù、jiào hǎn、yāng gào、kěn qiú。
心平气和的认真和实事求是的指导，才是家庭教导活动应有的外部表现，而不应当是专横、愤怒、叫喊、央告、恳求。

——mǎ kǎ lián kē
——马卡连柯

zhì huì
智慧

cōng míng de rén xiǎng guò cái kāi kǒu; yú chǔn de rén shuō guò huà zhī hòu cái huí xiǎng tā shuō guò shén me。
聪明的人想过才开口；愚蠢的人说过话之后才回想他说过什么。

——xí lè
——席勒

sī kǎo shì wǒ wú xiàn de guó dù yán yǔ shì wǒ yǒu qù
思考是我无限的国度，言语是我有趣
de dào jù
的道具。

xí lè
——席勒

bù wén bú ruò wén zhī wén zhī bú ruò jiàn zhī jiàn zhī
不闻不若闻之，闻之不若见之，见之
bú ruò zhī zhī zhī zhī bú ruò xíng zhī xué zhì yú xíng zhī
不若知之，知之不若行之，学至于行之
ér zhǐ yǐ
而止矣。

xún kuàng
——荀况

rén de zhì huì zhǎng wò zhe sān bǎ yào shi yì bǎ kāi qǐ
人的智慧掌握着三把钥匙：一把开启
shù zì yì bǎ kāi qǐ zì mǔ yì bǎ kāi qǐ yīn fú zhī
数字，一把开启字母，一把开启音符。知
shi sī xiǎng huàn xiǎng jiù zài qí zhōng
识、思想、幻想就在其中。

yǔ guǒ
——雨果

shuí méi yǒu nài xīn shuí jiù méi yǒu zhì huì
谁没有耐心，谁就没有智慧。

sà dí
——萨迪

fán shì yīng gāi yòng nǎo jīn hǎo hāo xiǎng yì xiǎng sú yǔ
凡事应该用脑筋好好想一想。俗语

shuō méi tóu yí zhòu jì shàng xīn lái jiù shì shuō duō xiǎng
说："眉头一皱，计上心来"，就是说多想
chū zhì huì
出智慧。

máo zé dōng
——毛泽东

zuì dà de jué xīn huì chǎn
最大的决心会产
shēng zuì gāo de zhì huì
生最高的智慧。

yǔ guǒ
——雨果

dǎ kāi yí qiè xué kē de yào shi dōu háo wú yí yì de
打开一切学科的钥匙都毫无疑义的
shì wèn hào wǒ men dà bù fen de wěi dà fā xiàn dōu yīng guī
是问号，我们大部分的伟大发现都应归
gōng yú rú hé dǎ kāi tā men ér shēng huó de zhì huì dà gài
功于如何打开它们，而生活的智慧大概
jiù zài yú féng shì wèn gè wèi shén me
就在于逢事问个为什么。

bā ěr zhā kè
——巴尔扎克

sī xiǎng shì wú shù shì shí de yì zhǒng zǔ zhī xíng shì shì
思想是无数事实的一种组织形式，是
zhì huì jī xiè huó dòng de jié guǒ
智慧机械活动的结果。

gāo ěr jī
——高尔基

zhì huì zhǐ néng zài zhēn lǐ zhōng fā xiàn
智慧只能在真理中发现。

gē dé
——歌德

jué dìng wèn tí, xū yào zhì huì, guàn chè zhí xíng shí zé xū yào nài xīn
决定问题，需要智慧，贯彻执行时则需要耐心。

hé mǎ
——荷马

zhì huì de biāo zhì shì shěn shí duó shì zhī hòu zài zé jī xíng shì
智慧的标志是审时度势之后再择机行事。

hé mǎ
——荷马

zhēn zhèng de zhì huì bù jǐn zài yú néng míng chá yǎn qián, ér qiě hái néng yù jiàn wèi lái
真正的智慧不仅在于能明察眼前，而且还能预见未来。

tè rén sī
——忒壬斯

zhì huì jǐn jǐn shì yì zhǒng xiāng duì de pǐn zhì, tā bù kě néng zhǐ yǒu dān yī dìng yì
智慧仅仅是一种相对的品质，它不可能只有单一定义。

hā lì fǎ kè sī
——哈利法克斯

guò qù de yí qiè dōu shì zhì huì de jìng zi
过去的一切都是智慧的镜子。

kè luó sài dì
——克·罗塞蒂

jǐn jǐn shì jù bèi chū sè de zhì lì shì bú gòu de zhǔ
仅仅是具备出色的智力是不够的，主
yào de wèn tí shì rú hé chū sè de shǐ yòng tā
要的问题是如何出色地使用它。

dí kǎ ěr
——笛卡尔

kě yǐ pèng dào shàng qiān gè xué zhě dàn bù yí dìng pèng shàng
可以碰到上千个学者，但不一定碰上
yí gè zhì zhě
一个智者。

kè lín kǎi ěr
——克林凯尔

zhì huì de kě kào biāo zhì jiù shì néng gòu zài píng fán zhōng
智慧的可靠标志就是能够在平凡中
fā xiàn qí jì
发现奇迹。

ài mò shēng
——爱默生

tiān cái de fā xiàn zhī suǒ yǐ wěi dà zhèng zài yú zhè xiē
天才的发现之所以伟大，正在于这些
fā xiàn chéng le qiān wàn rén de cái fù
发现成了千万人的财富。

tú gé niè fū
——屠格涅夫

yán yǔ běn dāng shì sī xiǎng de pú rén, dàn què chángcháng
言语本当是思想的仆人，但却常常
biàn wèi tā de zhǔ rén.
变为它的主人。

tuō fù lè
——托·富勒

shén me huà dōu shuō de rén
什么话都说的人
shì shén me shì dōu bù néng bàn
是什么事都不能办
de rén.
的人。

ná pò lún
——拿破仑

达·芬奇，意大利文艺复兴时期的多项领域的博学家。

zhì huì shì jīng yàn zhī nǚ.
智慧是经验之女。

dá fēn qí
——达·芬奇

zhǎng wò wú lùn nǎ yì zhǒng zhī shi, duì zhì lì dōu shì
掌握无论哪一种知识，对智力都是
yǒu yòng de. tā huì bǎ wú yòng de dōng xi pāo kāi ér bǎ hǎo
有用的。它会把无用的东西抛开而把好
de dōng xi bǎo liú zhù.
的东西保留住。

dá fēn qí
——达·芬奇

fāng fǎ
方法

shì jiān yǒu sī xiǎng de rén yīng dāng xiān xiǎng dào shì qing de
世间有思想的人应当先想到事情的
zhōng jú suí hòu zhuó shǒu qù zuò
终局，随后着手去做。

yī suǒ
——伊索

xiǎng chū xīn bàn fǎ de rén zài tā de bàn fǎ méi yǒu xiǎng
想出新办法的人，在他的办法没有想
chū yǐ qián rén men zǒng shuō tā shì yì xiǎng tiān kāi
出以前，人们总说他是异想天开。

mǎ kè tǔ wēn
——马克·吐温

wán shàn de fāng fǎ zài yú zhǐ shì wǒ men rú hé zhǐ dǎo
完善的方法在于指示我们如何指导
xīn líng shǐ tā yī zhào yí dìng zhēn guān niàn de guī fàn qù jìn
心灵，使它依照一定真观念的规范去进
xíng rèn shi
行认识。

sī bīn nuò shā
——斯宾诺莎

zhǐ zhù yì wěi dà shì wù suǒ suì xì wēi de dì fang nǐ
只注意伟大事物琐碎细微的地方，你
jiù huì chǎn shēng huái yí qīng yì xià jié lùn jiù huì bǎ
就会产生怀疑——轻易下结论，就会把

kū yè cán zhī dàng zuò dà shù
枯叶残枝当作大树。

tài gē ěr
——泰戈尔

xiàng sú huà suǒ shuō yòng zhú lán dǎ shuǐ de rén shì duō me kě lián yīn wèi tā men sì hū zài zuò zhe tú láo wú yì de gōng zuò
像俗话所说“用竹篮打水”的人是多么可怜，因为他们似乎在做着徒劳无益的工作。

sè nuò fēn
——色诺芬

jiào tiáo zhǐ shǐ yǒu xián de lǐ xìng wèi tā máng lù xíng wéi dào le zuì hòu hái shì lì yú jiào tiáo zhī wài yǒu tā zì jǐ de zǒu fǎ
教条只使有闲的理性为它忙碌，行为到了最后还是立于教条之外，有它自己的走法。

shū běn huá
——叔本华

zài yí qiè yǒu kùn nan de jiāo shè zhōng bù kě xī jì yì biān xià zhǒng yì biān shōu gē ér yīng dāng duì suǒ yǒu de shì tuǒ wéi zhǔn bèi hǎo ràng tā jiàn jiàn chéng shú
在一切有困难的交涉中，不可希冀一边下种，一边收割；而应当对所有的事妥为准备，好让它渐渐成熟。

péi gēn
——培根

guò yú qiú sù shì zuò shì zuì dà de wēi xiǎn zhī yī
过于求速是做事最大的危险之一。

péi gēn
——培根

xí guàn yú yī jù gǎn jué jìn xíng pàn duàn de rén duì yú tuī lǐ de dōng xi háo bù lǐ jiě yīn wèi tā men xiǎng yì yǎn jiù néng zuān tòu ér bù xí guàn yú tàn suǒ zhǒngzhǒng yuán zé
习惯于依据感觉进行判断的人，对于推理的东西毫不理解，因为他们想一眼就能钻透而不习惯于探索种种原则。

pà sī kǎ ěr
——帕斯卡尔

ruò wú mǒu zhǒng dà dǎn fàng sì de cāi cè yì bān shì bù kě néng yǒu zhī shi de jìn dù de
若无某种大胆放肆的猜测，一般是不可能有知识的进度的。

gāo sī
——高斯

高斯，德国数学家、物理学家和天文学家、大地测量学家。

tí chū zhèng què de wèn tí wǎng wǎng děng yú jiě jué le wèn tí de dà bàn
提出正确的问题，往往等于解决了问题的大半。

hǎi sēn bǎo
——海森堡

bù guǎn shì shuí yě bù guǎn zài shén me chǎng hé yào shì zhǐ àn zhào yí gè zhǔn zé xíng dòng tā jiù shì yí gè yū fǔ
不管是谁，也不管在什么场合，要是只按照一个准则行动，他就是一个迂腐

de rén bú lùn duì zì jǐ hé duì bié rén dōu huì bǎ shì qing
的人，不论对自己和对别人都会把事情
gǎo huài
搞坏。

hēi gé ěr
——黑格尔

liáng hǎo de fāng fǎ néng shǐ wǒ men gèng hǎo de yùn yòng tiān
良好的方法能使我们更好地运用天
fù de cái néng ér zhuō liè de fāng fǎ zé fǎn zhī
赋的才能，而拙劣的方法则反之。

bèi ěr tè
——贝尔特

rú guǒ nǐ de gōng jù zhǐ yǒu yì bǐng tiě chuí nǐ jiù kě
如果你的工具只有一柄铁锤，你就可
néng rèn wéi suǒ yǒu de wèn tí dōu shì tiě dīng
能认为所有的问题都是铁钉。

mǎ sī lè
——马斯乐

rè zhōng yú mǒu zhǒng gù dìng de mó shì huò mǒu zhǒng jiào tiáo
热衷于某种固定的模式或某种教条，
nà shì wēi xiǎn de jiào tiáo huì shǐ nǐ mò shǒu chéng guī tíng
那是危险的。教条会使你墨守成规、停
zhì bù qián hé yīn xún shǒu jiù
滞不前和因循守旧。

fú lóng zhī
——伏龙芝

jiè gēng gǎi míng chēng yǐ gǎi biàn shì wù nǎi shì rén lèi tiān
借更改名称以改变事物，乃是人类天

fù de guǐ biàn fǎ dāng zhí jiē lì yì shí fēn chōng tū shí
赋的诡辩法！当直接利益十分冲突时，
jiù xún zhǎo yí gè fèng xì yǐ biàn zài chuán tǒng de fàn wéi yǐ nèi
就寻找一个缝隙以便在传统的范围以内
dǎ pò chuán tǒng
打破传统。

mǎ kè sī
——马克思

wǒ yán jiū zì rán de zuò yòu míng shì láo láo de zhǎng
我研究自然的座右铭是："牢牢地掌
wò zhù míng què wú wù de shì wù tóng shí mì qiè zhù shì hái
握住明确无误的事物，同时密切注视还
wèi nòng míng què de shì wù
未弄明确的事物。"

gē dé
——歌德

zhēn lǐ
真理

jīn tiān rén men chēng zhī wéi zhēn lǐ de míng tiān yǒu kě néng
今天人们称之为真理的，明天有可能
chēng zhī wéi miù lùn
称之为谬论。

niú dùn
——牛顿

yí qiè chū sè de dōng xi dōu shì pǔ sù de tā men zhī
一切出色的东西都是朴素的，它们之

suǒ yǐ lìng rén qīng dǎo zhèng shì yóu yú zì jǐ de fù yǒu zhì
所以令人倾倒，正是由于自己的富有智
huì de pǔ sù
慧的朴素。

gāo ěr jī
——高尔基

yào shì rén men bù néng qīng qīng chǔ chǔ de kàn jiàn zhēn lǐ
要是人们不能清清楚楚地看见真理，
tā men jiù huì bèi rèn hé jiǎ xiàng suǒ méng bì
他们就会被任何假象所蒙蔽。

tài gē ěr
——泰戈尔

zhēn lǐ bù jǐn zhǐ míng le rén lèi shēng huó de dào lù ér
真理不仅指明了人类生活的道路，而
qiě dǎ kāi le rén lèi néng gòu àn qí qián jìn de wéi yī de lù
且打开了人类能够按其前进的唯一的路
tú
途。

tuō ěr sī tài
——托尔斯泰

zhēn lǐ bú shì yì zhǒng zhù chéng le de yìng bì kě yǐ xiàn
真理不是一种铸成了的硬币，可以现
chéng de ná guò lái shǐ yòng
成地拿过来使用。

hēi gé ěr
——黑格尔

zhēn lǐ jué bù néng hé zǔ guó fēn kāi zhè liǎng zhǒng shì
真理绝不能和祖国分开。这两种事

yè shì hé ér wéi yī de
业是合而为一的。

luó màn luó lán
——罗曼·罗兰

rú guǒ nǐ xiǎng dú zhàn zhēn lǐ zhēn lǐ jiù yào cháo xiào nǐ le
如果你想独占真理，真理就要嘲笑你了。

luó màn luó lán
——罗曼·罗兰

lù màn màn qí xiū yuǎn xī wú jiāng shàng xià ér qiú suǒ
路漫漫其修远兮，吾将上下而求索。

qū yuán
——屈原

pǔ biàn de jué duì de zhēn lǐ shì yí qiè cái fù zhōng zuì kě bǎo guì de quē le tā rén jiù biàn chéng xiā zi tā shì lǐ xìng de yǎn jing
普遍的绝对的真理是一切财富中最可宝贵的。缺了它，人就变成瞎子；它是理性的眼睛。

lú suō
——卢梭

huái yí bìng bú shì quē diǎn zǒng shì yí ér bìng bú xià duàn yǔ zhè
怀疑并不是缺点。总是疑，而并不下断语，这

cái shì quē diǎn
才是缺点。

lǔ xùn
——鲁迅

mò xiě de huǎng yán jué yǎn bú zhù xiě xiě de shì shí
墨写的谎言，绝掩不住血写的事实。

lǔ xùn
——鲁迅

zhāo wén dào xī sǐ kě yǐ lǐ yù biàn ér yù míng
朝闻道，夕死可矣。理愈辩而愈明。

táo xíng zhī
——陶行知

zhēn lǐ hǎo xiàng píng fán de rì guāng zài tā de zhào yào xià rén shì jiān suǒ shàng yǎn de nà zhǒng zhǒng huà zhuāng wǔ huì yuǎn bù rú zài zhú guāng xià suǒ xiǎn xiàn de huàn yǐng nà yàng huá lì
真理好像平凡的日光，在它的照耀下，人世间所上演的那种种化装舞会，远不如在烛光下所显现的幻影那样华丽。

péi gēn
——培根

bú yòng xiāng dāng de dú lì gōng fu bú lùn zài nǎ gè yán zhòng de wèn tí shàng dōu bù néng zhǎo chū zhēn lǐ shuí pà yòng gōng shuí jiù wú fǎ zhǎo dào zhēn lǐ
不用相当的独立工夫，不论在哪个严重的问题上都不能找出真理；谁怕用功，谁就无法找到真理。

liè níng
——列宁

yí gè rén yào fā xiàn zhuó yǒu chéng xiào de zhēn lǐ xū yào
一个人要发现卓有成效的真理，需要
qiān bǎi wàn gè rén zài shī bài de tàn suǒ hé bēi cǎn de cuò wù
千百万个人在失败的探索和悲惨的错误
zhōng huǐ diào zì jǐ de shēng mìng
中毁掉自己的生命。

mén jié liè fū
——门捷列夫

zuì hǎo shì bǎ zhēn lǐ bǐ zuò suì shí tā shòu dào
最好是把真理比作燧石——它受到
de qiāo dǎ yuè lì hai fā shè chū de guāng huī jiù yuè càn làn
的敲打越厉害，发射出的光辉就越灿烂。

mǎ kè sī
——马克思

yīn cǐ zài zhēn lǐ de jiǎo biān mào chū le yí wèn
……因此在真理的脚边冒出了疑问，
xiàng nèn yá mào chū le dì miàn jiù shì zhè dōng xi tuī dòng zhe
像嫩芽冒出了地面：就是这东西推动着
wǒ men yuè guò chóngchóng de shān jǐ zhí dēng zuì gāo de dǐng fēng
我们越过重重的山脊直登最高的顶峰！

dàn dīng
——但丁

zūn zhòng rén bù yīng gāi shèng yú zūn zhòng zhēn lǐ
尊重人不应该胜于尊重真理。

bó lā tú
——柏拉图

zhēn lǐ jiù shì jù bèi zhè yàng de lì liàng nǐ yuè shì
真理就是具备这样的力量，你越是

xiǎng yào gōng jī tā nǐ de gōng jī
想要攻击它，你的攻击
jiù yù jiā chōng shí hé zhèng míng le tā
就愈加充实和证明了它。

qié lì lüè
——伽利略

zhēn lǐ duì wú néng de rén shì
真理对无能的人是
bǐ shì de tā duì yǒu néng lì de
鄙视的，她对有能力的、
zhēn shí de chún cuì de rén cái qū fú
真实的、纯粹的人才屈服，
cái xiè lòu tā de mì mì
才泄露她的秘密。

gē dé
——歌德

mǎ kè sī rèn wéi lǐ lùn fú hé yú xiàn shí shì lǐ lùn
马克思认为理论符合于现实是理论
de wéi yī biāo zhǔn
的唯一标准。

liè níng
——列宁

fán zài xiǎo shì shàng duì zhēn lǐ chí qīng shuài tài dù de rén
凡在小事上对真理持轻率态度的人，
zài dà shì shàng yě shì bù zú xìn de
在大事上也是不足信的。

ài yīn sī tǎn
——爱因斯坦

rén de tiān zhí shì yǒng yú tàn suǒ zhēn lǐ
人的天职是勇于探索真理。

gē bái ní
——哥白尼

lǐ zhí qì zhuàng yǒng yuǎn bú pà zhēn lǐ yǒng gǎn de yōng hù zhēn lǐ bǎ zhēn lǐ gào su bié rén wèi zhēn lǐ ér zhàn dòu
理直气壮，永远不怕真理，勇敢地拥护真理，把真理告诉别人，为真理而战斗。

liú shào qí
——刘少奇

zhǐ yǒu zhōng shí yú shì shí cái néng zhōng shí yú zhēn lǐ
只有忠实于事实，才能忠实于真理。

zhōu ēn lái
——周恩来

cái néng 才能

cōng míng cái zhì shì bō dòng shè huì de gàng gǎn
聪明才智是拨动社会的杠杆。

bā ěr zhā kè
——巴尔扎克

měi gè rén dōu yǒu cái néng dàn cái néng bèi yǐn rù qí tú shí yǒng qì què hěn shǎo gēn tā gòng cún
每个人都有才能，但才能被引入歧途时，勇气却很少跟它共存。

āi lǐ chá yuē gé
——埃里查·约格

quē fá duì shì yè de rè ài cái huá yě shì wú yòng de
缺乏对事业的热爱，才华也是无用的。

ní kē lā yē wéi qí
——尼柯拉耶维奇

suǒ yǒu zhēn zhèng de cái néng dōu shì jī mǐn de
所有真正的才能都是机敏的。

tè ēn
——特恩

托马斯·杰弗逊，美利坚合众国第三任总统。

zuì kě guì de yì zhǒng cái néng shì zài yòng yí gè cí jiù néng shuō qīng chu de dì fang cóng lái bú yòng liǎng gè cí
最可贵的一种才能是，在用一个词就能说清楚的地方从来不用两个词。

tuō mǎ sī jié fú xùn
——托马斯·杰弗逊

róng yù hé cái fù ruò méi yǒu cōng míng cái zhì shì hěn bù láo kào de cái chǎn
荣誉和财富，若没有聪明才智，是很不牢靠的财产。

dé mó kè lì tè
——德谟克利特

shí jiàn
实践

duì zuò jiā lái shuō xiě de shǎo shì zhè yàng de yǒu hài
对作家来说，写得少是这样的有害，
jiù gēn yī shēng quē fá zhěn bìng de jī huì yí yàng
就跟医生缺乏诊病的机会一样。

sū gé lā dǐ
——苏格拉底

kē xué de zhēn lǐ bù yīng gāi zài gǔ dài shèng rén de méng
科学的真理不应该在古代圣人的蒙
zhe huī chén de shū shàng qù zhǎo ér yīng gāi zài shí yàn zhōng yǐ
着灰尘的书上去找，而应该在实验中以
shí yàn wéi jī chǔ de lǐ lùn zhōng qù zhǎo
实验为基础的理论中去找。

qié lì lüè
——伽利略

xíng dòng shēng kùn nan kùn nan shēng yí wèn yí wèn shēng jiǎ
行动生困难，困难生疑问，疑问生假
shè jiǎ shè shēng shì yàn shì yàn shēng duàn yǔ duàn yǔ yòu shēng
设，假设生试验，试验生断语，断语又生
le xíng dòng rú cǐ yǎn jìn yú wú qióng
了行动，如此演进于无穷。

táo xíng zhī
——陶行知

huán jìng gǎi biàn hé rén men huó dòng gǎi biàn de yí zhì zhǐ
环境改变和人们活动改变的一致，只

néng kàn zuò hé hé lǐ liǎo jiě wéi gé mìng de shí jiàn
能看作和合理了解为革命的实践。

mǎ kè sī
——马克思

tiān cái
天才

jīng shén de hào hàn xiǎng xiàng de huó yuè xīn líng de qín fèn jiù shì tiān cái
精神的浩瀚，想象的活跃，心灵的勤奋：就是天才。

dí dé luó
——狄德罗

zuì dà de tiān cái rú guǒ zhāo zhāo mù mù tǎng zài qīng cǎo dì shàng ràng wēi fēng chuī lái yǎn wàng zhe tiān kōng wēn róu de líng gǎn yě shǐ zhōng bú huì guāng gù tā
最大的天才如果朝朝暮暮躺在青草地上，让微风吹来，眼望着天空，温柔的灵感也始终不会光顾他。

hēi gé ěr
——黑格尔

tiān cái de zuò pǐn shì yòng yǎn lèi guàn gài de
天才的作品是用眼泪灌溉的。

bā ěr zhā kè
——巴尔扎克

tiān cái jiù shì qín fèn céng jīng yǒu rén zhè yàng shuō
“天才就是勤奋”，曾经有人这样说

guò rú guǒ zhè huà bù wán quán zhèng què nà zhì shǎo zài hěn
过。如果这话不完全正确，那至少在很
dà chéng dù shàng shì zhèng què de
大程度上是正确的。

lǐ bǔ kè nèi xī
——李卜克内西

dú lì xìng shì tiān cái de jī běn tè zhēng
独立性是天才的基本特征。

gē dé
——歌德

tiān cái miǎn bù liǎo yǒu zhàng ài yīn wèi zhàng ài huì chuàng
天才免不了有障碍，因为障碍会创
zào tiān cái
造天才。

luó màn luó lán
——罗曼·罗兰

xiū záo kě yǐ shǐ dào lù píng zhí dàn zhǐ yǒu qí qū de
修凿可以使道路平直，但只有崎岖的
wèi jīng xiū záo de dào lù cái shì tiān cái de dào lù
未经修凿的道路，才是天才的道路。

bù lái kè
——布莱克

tiān cái jiù shì bǎi fēn zhī yī de líng gǎn jiā shàng bǎi fēn
天才，就是百分之一的灵感加上百分
zhī jiǔ shí jiǔ de hàn shuǐ
之九十九的汗水。

ài dí shēng
——爱迪生

zuò wéi yí gè kē xué jiā wǒ de chéng gōng zuì zhǔ
作为一个科学家，我的成功……最主
yào de shì ài kē xué zài cháng qī sī suǒ rèn hé wèn
要的是：爱科学——在长期思索任何问
tí shàng de wú xiàn nài xīn zài guān chá hé sōu jí shì shí
题上的无限耐心——在观察和搜集事实
shàng de qín miǎn xiāng dāng de fā míng néng lì hé cháng shí
上的勤勉——相当的发明能力和常识。

dá ěr wén
——达尔文

mǐn gǎn cóng lái bú shì wěi dà tiān cái de yōu liáng pǐn zhì
敏感从来不是伟大天才的优良品质，
wěi dà tiān cái suǒ xǐ ài de shì zhǔn què
伟大天才所喜爱的是准确。

dí dé luó
——狄德罗

wǒ shì gè zhuō bèn de xué yì
我是个拙笨的学艺
zhě méi yǒu chōng fèn de tiān cái quán
者，没有充分的天才，全
píng kǔ xué
凭苦学。

méi lán fāng
——梅兰芳

tiān cái shì yóu yú duì shì yè de rè ài gǎn ér fā zhǎn
天才是由于对事业的热爱感而发展

qǐ lái de jiǎn zhí kě yǐ shuō tiān cái jiù qí běn zhì ér lùn
起来的，简直可以说，天才就其本质而论
zhǐ bú guò shì duì shì yè duì gōng zuò guò chéng de rè ài ér yǐ
只不过是对事业、对工作过程的热爱而已。

gāo ěr jī
——高尔基

wú lùn tiān zī yǒu duō me gāo tā réng xū yào yǐ xué huì
无论天资有多么高，他仍需要以学会
de jì qiǎo lái fā huī zhè xiē tiān zī
的技巧来发挥这些天资。

zhuó bié lín
——卓别林

kāi chuàng wěi dà shì yè de shì tiān cái wán chéng wěi dà shì
开创伟大事业的是天才，完成伟大事
yè de shì xīn láo
业的是辛劳。

rú bèi ěr
——茹贝尔

qín néng bǔ zhuō shì liáng xùn yì fēn xīn láo yì fēn cái
勤能补拙是良训，一分辛劳一分才。

huà luó gēng
——华罗庚

xíng chéng tiān cái de jué dìng yīn sù yīng gāi shì qín fèn
形成天才的决定因素应该是勤奋。
tiān cái hé qín xué kǔ liàn shì chéng zhèng bǐ lì de
天才和勤学苦练是成正比例的。

guō mò ruò
——郭沫若

zài tiān cái hé qín fèn zhī jiān wǒ háo bù chí yí de xuǎn
在天才和勤奋之间，我毫不迟疑地选
zé qín fèn tā jī hū shì shì jiè shàng yí qiè chéng jiù de cuī
择勤奋，她几乎是世界上一切成就的催
shēng pó
生婆。

ài yīn sī tǎn
——爱因斯坦

爱因斯坦，世界十大杰出物理学家之一，现代物理学的开创者、集大成者和奠基人。

tiān cái bù zǒu yùn huì chéng wéi
天才不走运会成为
yōng rén yōng rén zài zǒu yùn yě chéng
庸人，庸人再走运也成
bù liǎo tiān cái
不了天才。

zhōu guó píng
——周国平

nì jìng shǐ tiān cái tuō yǐng ér
逆境使天才脱颖而
chū shùn jìng huì mái mò tiān cái
出，顺境会埋没天才。

hè lā sī
——贺拉斯

tiān cái bú huì huǐ yú tā rén zhǐ huì huǐ yú zì jǐ
天才不会毁于他人，只会毁于自己。

bó sī wēi ěr
——博斯威尔

生活与情感

xìng fú
幸 福

gè rén de tòng kǔ yǔ huān lè, bì xū róng hé zài shí dài de tòng kǔ yǔ huān lè lǐ。
个人的痛苦与欢乐，必须融合在时代的痛苦与欢乐里。

ài qīng
——艾青

bǎ bié rén de xìng fú dàng zuò zì jǐ de xìng fú, bǎ xiān huā fèng xiàn gěi tā rén, bǎ jí cì liú gěi zì jǐ。
把别人的幸福当做自己的幸福，把鲜花奉献给他人，把棘刺留给自己。

bā ěr dé sī
——巴尔德斯

rén shēng yǒu gè zuì dī xiàn dù de xìng fú kě yǐ xī jì,
人生有个最低限度的幸福可以希冀，

dàn shuí yě méi cún shén me shē wàng nǐ xiǎng duō yào yì diǎn xìng fú jiù děi yóu nǐ zì gě er qù chuàng zào kě bù néng xiàng rén jia yāo qiú

但谁也没存什么奢望：你想多要一点幸福，就得由你自个儿去创造，可不能向人家要求。

luó màn luó lán

——罗曼·罗兰

xìng fú shì líng hún de yì zhǒng xiāng wèi shì yì kē gē chàng de xīn de hé shēng ér líng hún de zuì měi de yīn yuè shì cí bēi

幸福是灵魂的一种香味，是一颗歌唱的心的和声。而灵魂的最美的音乐是慈悲。

luó màn luó lán

——罗曼·罗兰

yì wú suǒ yǒu de rén shì yǒu fú de yīn wèi tā men jiāng huò dé yí qiè

一无所有的人是有福的，因为他们将获得一切！

luó màn luó lán

——罗曼·罗兰

xìng fú wǎng wǎng bìng bú zài yú huān lè de běn shēn ér shì zài yú duì huān lè de kě wàng hé qī dài

幸福往往并不在于欢乐的本身，而是在于对欢乐的渴望和期待。

xī ěr dé liè sī

——希尔德烈斯

duì yú měi yí gè rén lái shuō huó zhe jiù děng yú xī wàng
对于每一个人来说，活着就等于希望
bìng zhēng qǔ xìng fú ér xī wàng bìng zhēng qǔ xìng fú fǎn guò lái
并争取幸福；而希望并争取幸福反过来
shuō yě děng yú huó zhe
说也等于活着。

tuō ěr sī tài
——托尔斯泰

niú chī cǎo mǎ chī liào niú de xiǎng
牛吃草，马吃料，牛的享
shòu zuì shǎo chū lì zuì dà suǒ yǐ hái shì
受最少，出力最大，所以还是
dāng yì tóu huáng niú zuì hǎo wǒ gān yuàn wèi
当一头黄牛最好。我甘愿为
dǎng wèi rén mín dāng yí bèi zi lǎo huáng niú
党、为人民当一辈子老黄牛。

wáng jìn xǐ
——王进喜

wǒ de yì shù yīng dāng zhǐ wèi pín kǔ de rén zào fú
我的艺术应当只为贫苦的人造福。
à duō me xìng fú de shí kè a dāng wǒ néng jiē jìn zhè
啊，多么幸福的时刻啊！当我能接近这
dì bù shí wǒ gāi duō me xìng fú a
地步时，我该多么幸福啊！

bèi duō fēn
——贝多芬

rú guǒ yǒu yì tiān wǒ néng gòu duì wǒ men de gōng gòng lì
如果有一天，我能够对我们的公共利

yì yǒu suǒ gòng xiàn wǒ jiù huì rèn wéi zì jǐ shì shì jiè shàng
益有所贡献，我就会认为自己是世界上
zuì xìng fú de rén le
最幸福的人了。

guǒ gē lǐ
——果戈理

xìng fú jiù xiàng xī yáng rén rén dōu kě yǐ kàn jiàn
幸福就像夕阳——人人都可以看见，
dàn duō shù rén de yǎn jing què wàng xiàng bié de dì fang yīn ér
但多数人的眼睛却望向别的地方，因而
cuò guò le jī huì
错过了机会。

mǎ kè tǔ wēn
——马克·吐温

yí gè rén yǒu le yuǎn dà de lǐ xiǎng jiù shì zài zuì jiān
一个人有了远大的理想，就是在最艰
kǔ de shí hou yě huì gǎn dào xìng fú
苦的时候，也会感到幸福。

xú tè lì
——徐特立

xiǎng bú fù chū rèn hé dài jià ér dé dào xìng fú nà shì
想不付出任何代价而得到幸福，那是
shén huà
神话。

xú tè lì
——徐特立

xìng fú jiǎ rú tā zhǐ shì shǔ yú wǒ chéng qiān shàng wàn
幸福，假如它只是属于我，成千上万

rén dāngzhōng de yí gè rén de cái chǎn nà jiù kuài cóng wǒ zhè
人当中的一个人的财产，那就快从我这
er gǔn kāi ba
儿滚开吧！

bié lín sī jī
——别林斯基

nǐ xiǎng chéng wéi xìng fú de rén ma dàn yuàn nǐ shǒu xiān
你想成为幸福的人吗？但愿你首先
xué huì chī de qǐ kǔ
学会吃得起苦。

tú gé niè fū
——屠格涅夫

xìng fú méi yǒu míng tiān yě méi yǒu zuó tiān tā bù huái
幸福没有明天，也没有昨天，它不怀
niàn guò qù yě bú xiàng wǎng wèi lái tā zhǐ yǒu xiàn zài
念过去，也不向往未来，它只有现在。

tú gé niè fū
——屠格涅夫

xìng fú bú zài lǐ xiǎng zhī zhōng ér zài jù yǒu míng què mù
幸福不在理想之中，而在具有明确目
dì de cháng qī de rì cháng láo dòng zhī zhōng
的的长期的日常劳动之中。

liè fū tuō ěr sī tài
——列夫·托尔斯泰

rú guǒ wǒ men méi yǒu chuàng zào xìng fú shēng huó wǒ men jiù
如果我们没有创造幸福生活，我们就
méi yǒu rèn hé quán lì xiǎng shòu xìng fú zhè zhèng hé méi yǒu chuàng
没有任何权利享受幸福，这正和没有创

zào cái fù wú quán xiǎng shòu cái fù yí yàng
造财富无权享受财富一样。

xiāo bó nà
——萧伯纳

dāng nǐ xìng fú de shí hou qiè wù sàng shī shǐ nǐ chéng wéi
当你幸福的时候，切勿丧失使你成为
xìng fú de dé xíng
幸福的德行。

mò luó ē
——莫罗阿

xìng fú yuè yǔ rén gòng xiǎng xìng fú de chéng dù yuè huì zēng
幸福越与人共享，幸福的程度越会增
jiā
加。

sēn cūn chéng
——森村诚

zì jué xìng fú de rén shēng mìng biàn shì xiǎng shòu zì jué
自觉幸福的人，生命便是享受，自觉
bú xìng fú de rén shēng mìng biàn chéng le kǔ dòu de zhàn chǎng huò
不幸福的人，生命便成了苦斗的战场，或
wú kě nài hé de fù dān
无可奈何的负担。

zhào shū xiá
——赵淑侠

xìng fú xǐ huān zhuō mí cáng wǒ men nián qīng shí tā duǒ
幸福喜欢捉迷藏。我们年轻时，它躲
cáng zài wèi lái yǐn yòu wǒ men qián qù xún zhǎo tā céng jǐ
藏在未来，引诱我们前去寻找它。曾几

hé shí wǒ men fā xiàn zì jǐ yǐ jīng bǎ tā cuò guò yú shì
何时，我们发现自己已经把它错过，于是
huí guò tóu lái yòu zài jì yì zhōng xún zhǎo tā
回过头来，又在记忆中寻找它。

zhōu guó píng
——周国平

jīng shén rú guǒ mǎn zú biǎo míng tā yǐ jīng wěi suō huò shì
精神如果满足，表明它已经萎缩或是
pí láo gāo guì de jīng shén zài
疲劳。高贵的精神，在
zì jǐ de tǐ nèi cóng bù zhī tíng
自己的体内，从不知停
liú tā bú duàn qǐ qiú chāo yuè zì
留。它不断企求超越自
jǐ ér fèn yǒng xiàng qián bú huì shāo zhǐ
己而奋勇向前，不会稍止。

méng tián
——蒙田

蒙田，是法国文艺复兴后期、十六世纪人文主义思想家。

duì xìng fú qī dài shí gǎn jué zuì xìng fú guǒ shí yào chéng
对幸福期待时感觉最幸福，果实要成
shú le yǐ hòu cái huì xiāng tián xìng fú yě shì yí yàng
熟了以后才会香甜，幸福也是一样。

xí mù róng
——席慕蓉

jī huì
机会

xǔ duō rén làng fèi le zhěngzhěng yì shēng qù děng dài fú hé
许多人浪费了整整一生去等待符合
tā men xīn yuàn de jī huì
他们心愿的机会。

ní cǎi
——尼采

rú guǒ yǒu rén cuò guò jī huì duō bàn bú shì jī huì méi
如果有人错过机会，多半不是机会没
yǒu dào lái ér shì yīn wèi děng dài jī huì huò zhě méi yǒu kàn
有到来，而是因为等待机会，或者没有看
jiàn jī huì dào lái ér qiě jī huì guò lái shí méi yǒu yì shēn
见机会到来，而且机会过来时，没有一伸
shǒu jiù zhuā zhù tā
手就抓住它。

luó màn luó lán
——罗曼·罗兰

yào zhù yì liú shén rèn hé yǒu lì de shùn jiān jī huì dào
要注意留神任何有利的瞬间，机会到
le mò shī zhī jiāo bì
了，莫失之交臂！

gē dé
——歌德

rú guǒ shì xiān quē fá zhōu mì de zhǔn bèi jī yù yě huì
如果事先缺乏周密的准备，机遇也会

háo wú yòng chù
毫无用处。

tuō kè wéi ěr
——托克维尔

zhǐ yào nǐ shàn yú děng dài, yí qiè jiāng jí shí lái dào.
只要你善于等待，一切将及时来到。

bā ěr zhā kè
——巴尔扎克

rén men ruò shì yì xīn yí yì de zuò mǒu yí jiàn shì, zǒng shì huì pèng dào ǒu rán de jī huì de.
人们若是一心一意地做某一件事，总是会碰到偶然的机会的。

bā ěr zhā kè
——巴尔扎克

huān lè
欢乐

rén shēng dé yì zhī jǐ zú yǐ.
人生得一知己足矣。

lǔ xùn
——鲁迅

xiǎo cōng míng rén, wǎng wǎng bù néng kuài lè. dà zhì huì rén, jīng cháng xiào kǒu cháng kāi.
小聪明人，往往不能快乐。大智慧人，经常笑口常开。

sān máo
——三毛

快乐是一种等待的过程。突然而来的所谓“惊喜”，事实上叫人手足无措。

——三毛

三毛，原名陈懋平，又名陈平，汉族，台湾著名女作家。

人生最大的乐趣，是从瞬息即逝的事物中攫取永恒的真理。

——邵如

求乐的人生观，才是自然的人生观，真实的人生观。

——李大钊

欢乐的需要，即使在这厌倦的世纪里，它的力量还是这样的强大。

——司汤达

笑，就像是香水，不但能令自己芬芳，

也能令别人快乐。你若能令别人笑一笑，纵然做做愚蠢的事又何妨？

——古龙

牙齿痛的人，想世界上有一种人最快乐，那就是牙齿不痛的人。

——萧伯纳

在美好的景色、悦耳的声音和扑鼻的芳香给我带来的愉快当中，我不会紧锁住自己感官的大门。

——泰戈尔

欢乐不需要信仰和排场，也不需要豪言壮语，它自己就是一切。

——巴尔扎克

快乐是通往与无限结合成一体的那

zhǒng jìng dì de shén mì lù jìng zhī yī
种境地的神秘路径之一。

hè xū lí
——赫胥黎

xiǎng shòu zì jǐ zhèng zài zuò yǔ yǐ jīng zuò hǎo de shì qing
享受自己正在做与已经做好的事情
de rén shì kuài lè de
的人是快乐的。

gē dé
——歌德

huān lè de xiào shēng shì jiā zhōng de yáng guāng
欢乐的笑声是家中的阳光。

sà kè léi
——萨克雷

zuì yǒu yì yì de huān lè mò guò yú gěi bié rén dài lái
最有意义的欢乐，莫过于给别人带来
kuài lè
快乐。

lā bù lǚ yē ěr
——拉布吕耶尔

wéi dú jù yǒu zuì gāo shàng de hé zuì kuài lè de xìng gé
唯独具有最高尚的和最快乐的性格
de rén cái huì yǒu gǎn rǎn zhōu wéi de rén de kuài lè
的人，才会有感染周围的人的快乐。

tuó sī tuǒ yē fū sī jī
——陀思妥耶夫斯基

kuài lè shì cóng jiān kǔ zhōng lái zhǐ yǒu jīng guò láo zuò
快乐是从艰苦中来，只有经过劳作、

jīng guò fèn dòu dé lái de kuài lè, cái shì zhēn kuài lè。
经过奋斗得来的快乐，才是真快乐。

xiè jué zāi
——谢觉哉

nǐ yǒng yuǎn bú yào xiāng xìn, bǎ zì jǐ de kuài lè jiàn zhù zài bié rén tòng kǔ zhī shàng de rén huì dé dào xìng fú。
你永远不要相信，把自己的快乐建筑在别人痛苦之上的人会得到幸福。

sài nèi jiā
——塞内加

yǒu yì
友谊

hǎi nèi cún zhī jǐ, tiān yá ruò bǐ lín。
海内存知己，天涯若比邻。

wáng bó
——王勃

péng you shì shēng huó zhōng de yáng guāng。
朋友是生活中的阳光。

yì bǔ shēng
——易卜生

jūn zǐ yǐ wén huì yǒu, yǐ yǒu fǔ rén。
君子以文会友，以友辅仁。

zēng shēn
——曾参

péng you jiān bì xū shì huàn nàn xiāng jì, nà cái néng shuō de
朋友间必须是患难相济，那才能说得

shàng shì zhēn zhèng de yǒu yì
上是真正的友谊。

shā shì bǐ yà
——莎士比亚

jiǔ hàn féng gān yǔ, tā xiāng yù gù zhī
久旱逢甘雨，他乡遇故知。

hóng mài
——洪迈

wàn liǎng huáng jīn róng yì dé, zhī xīn yí gè yě nán qiú
万两黄金容易得，知心一个也难求！

cáo xuě qín
——曹雪芹

dú xué ér wú yǒu, zé gū lòu ér guǎ wén
独学而无友，则孤陋而寡闻。

kǒng qiū
——孔丘

jūn zǐ zhī jiāo dàn ruò shuǐ; xiǎo rén zhī jiāo gān ruò lǐ
君子之交淡若水；小人之交甘若醴。

zhuāng zhōu
——庄周

shàn rén zhě, rén yì shàn zhī
善人者，人亦善之。

guǎn zhòng
——管仲

zài zhì huì tí gōng gěi zhěng gè rén shēng de yí qiè xìng fú
在智慧提供给整个人生的一切幸福
zhī zhōng yǐ huò dé yǒu yì zuì wéi zhòng yào
之中，以获得友谊最为重要。

yī bì jiū lǔ
——伊壁鸠鲁

zhǐ yǒu zài huàn nàn de shí hou cái néng kàn jiàn péng you de
只有在患难的时候，才能看见朋友的
zhēn xīn
真心。

kè léi luò fū
——克雷洛夫

yǒu yì yǒng yuǎn shì yí gè tián róu de zé rèn cóng lái bú
友谊永远是一个甜柔的责任，从来不
shì yì zhǒng jī huì
是一种机会。

jì bó lún
——纪伯伦

zhēn zhèng de péng you yīng gāi shuō zhēn huà bù guǎn nà huà duō
真正的朋友应该说真话，不管那话多
me jiān ruì
么尖锐。

ào sī tè luò fū sī jī
——奥斯特洛夫斯基

zhēn zhèng de péng you bù bǎ yǒu yì guà zài kǒu shàng tā men
真正的朋友不把友谊挂在口上，他们
bìng bú wèi le yǒu yì ér hù xiāng yāo qiú yì diǎn shén me ér
并不为了友谊而互相要求一点什么，而

shì bǐ cǐ wèi duì fāng zuò yí qiè bàn de dào de shì
是彼此为对方做一切办得到的事。

bié lín sī jī
——别林斯基

rén yǔ rén zhī jiān de yǒu ài jiù shì bìng rén de líng dān miào yào
人与人之间的友爱就是病人的灵丹妙药。

mù ní kǎ nà sù fū
——穆尼卡·纳素夫

yào xiǎng dé dào bié rén de yǒu yì zì jǐ jiù děi xiān xiàng bié rén biǎo shì yǒu hǎo
要想得到别人的友谊，自己就得先向别人表示友好。

ài mò shēng
——爱默生

zhì yǒu rú yì tǐ tóng xīn
挚友如异体同心。

yà lǐ shì duō dé
——亚里士多德

shì jiè shàng méi yǒu bǐ yǒu yì gèng měi lì gèng huì lìng rén yú kuài de dōng xi le méi yǒu yǒu yì shì jiè fǎng fú shī qù le tài yáng
世界上没有比友谊更美丽，更会令人愉快的东西了，没有友谊，世界仿佛失去了太阳。

xī sài luó
——西塞罗

zhēn zhèng de yǒu yì jì néng róng rěn péng you tí chū de quàn gào yòu néng shǐ zì jǐ jiē shòu quàn gào

真正的友谊既能容忍朋友提出的劝告，又能使自己接受劝告。

xī sài luó

——西塞罗

zhēn zhèng de péng you zài nǐ huò dé chéng gōng de shí hou wèi nǐ gāo xìng ér bù pěng chǎng zài nǐ yù dào bú xìng huò bēi shāng de shí hou huì gěi nǐ jí shí de zhī chí hé gǔ lì zài nǐ yǒu quē diǎn kě néng fàn cuò wù de shí hou huì gěi nǐ zhèng què de pī píng hé bāng zhù wǒ men yīng gāi zhè yàng yāo qiú zì jǐ de péng you zhè yàng de yǒu yì cái shì zhēn zhèng kě guì de

真正的朋友，在你获得成功的时候，为你高兴，而不捧场。在你遇到不幸或悲伤的时候，会给你及时的支持和鼓励。在你有缺点可能犯错误的时候，会给你正确的批评和帮助。我们应该这样要求自己的朋友，这样的友谊才是真正可贵的。

gāo ěr jī

——高尔基

dà liàng de yǒu yì shǐ shēng mìng jiān qiáng ài yǔ bèi ài shì shēng huó zhōng zuì dà de xìng fú

大量的友谊使生命坚强。爱与被爱是生活中最大的幸福。

shǐ mì sī

——史密斯

zài gè zhǒng gū dú zhōng jiān rén zuì pà jīng shén shàng de

在各种孤独中间，人最怕精神上的

gū dú
孤独。

bā ěr zhā kè
——巴尔扎克

dān dú yí gè rén kě néng miè wáng de dì fang liǎng gè rén zài yì qǐ kě néng dé jiù
单独一个人可能灭亡的地方，两个人在一起可能得救。

bā ěr zhā kè
——巴尔扎克

里根，美国政治家，第33任加利福尼亚州州长，第40任总统。

zì zhì de yǒu yì yào bǐ mǎi lái de yǒu yì gèng chí jiǔ
自制的友谊要比买来的友谊更持久。

lǐ gēn
——里根

bú shì xuè ròu de lián xì ér shì qíng gǎn hé jīng shén de xiāng tōng cái shǐ yí gè rén yǒu quán lì qù yuán zhù lìng yí gè rén
不是血肉的联系，而是情感和精神的相通，才使一个人有权利去援助另一个人。

chái kě fū sī jī
——柴可夫斯基

yǒu yì yǒng yuǎn bù néng chéng wéi yì zhǒng jiāo yì xiāng fǎn tā xū qiú zuì chè dǐ de wú lì hài guān niàn
友谊永远不能成为一种交易；相反，它需求最彻底的无利害观念。

mò luó ē
——莫罗阿

rè qíng
热情

fán néng bàn dà shì fù dà chóu chéng dà yè zhě jiē yǒu rè lì wéi zhī
凡能办大事，复大仇，成大业者，皆有热力为之。

kāng yǒu wéi
——康有为

rè qíng shì yì zhǒng fēi cháng kě guì de dòng lì dàn shì tóng yí qiè dòng lì yí yàng bì xū chōng fèn rèn shi qí gè fāng miàn de yǐng xiǎng cái néng yòng de qià dàng
热情是一种非常可贵的动力，但是同一切动力一样，必须充分认识其各方面的影响，才能用得恰当。

bèi fú lì qí
——贝弗利奇

zài zhè shì jiè de lì shǐ lǐ měi yí gè wěi dà yǒu wēi lì de shí dài de chǎn shēng dōu shì yóu yú mǒu yì zhǒng rè chéng dé dào le shèng lì
在这世界的历史里，每一个伟大有威力的时代的产生，都是由于某一种热诚得到了胜利。

ài mò shēng
——爱默生

dāng wǒ men duì rè qíng yǒu le míng què pàn bié de guān niàn
当我们对热情有了明确判别的观念，

rè qíng jiù bú zài shì rè qíng le
热情就不再是热情了。

sī bīn nuò shā
——斯宾诺莎

rè qíng bì xū shì wèi le rén lèi de lì yì
热情必须是为了人类的利益。

liú yì sī
——刘易斯

rèn hé zhuàng jǔ de chéng gōng dōu lí bù kāi rè qíng
任何壮举的成功都离不开热情。

ài mò shēng
——爱默生

rè qíng yǒu jí dà de jià zhí zhǐ yào wǒ men bù yīn cǐ wàng hū suǒ yǐ
热情有极大的价值，只要我们不因此忘乎所以。

gē dé
——歌德

měi de mì jué zài rè qíng méi yǒu rè qíng de měi bìng bú yòu rén
美的秘诀在热情。没有热情的美并不诱人。

dí ào ěr
——迪奥尔

rè qíng bǐ dá guān gèng néng xiāo chú piān jiàn
热情比达观更能消除偏见。

dí dé luó
——狄德罗

méi yǒu zhī shi de rè qíng shì wú guāng de huǒ yàn
没有知识的热情是无光的火焰。

tuō fù lè
——托·富勒

méi yǒu rè qíng biàn méi yǒu tiān cái
没有热情便没有天才。

méng sēn
——蒙森

lì shǐ gěi wǒ men de zuì hǎo de dōng xi jiù shì tā suǒ jī qǐ de rè qíng
历史给我们的最好的东西就是它所激起的热情。

gē dé
——歌德

chù chù rè xīn de rén shēng jiù shì shì shì mǎn yì de rén shēng
处处热心的人生，就是事事满意的人生。

pà kè
——帕克

xī wàng
希望

xī wàng yóu rú rì guāng liǎng zhě jiē yǐ guāng míng qǔ shèng
希望犹如日光，两者皆以光明取胜。
qián zhě shì huāng wú zhī xīn de shén shèng měi mèng hòu zhě shǐ ní
前者是荒芜之心的神圣美梦，后者使泥

shuǐ fú xiàn yào yǎn de jīn guāng
水浮现耀眼的金光。

wèi ěr lún
——魏尔伦

xī wàng běn shēn shì yì zhǒng xìng fú， yě xǔ hái shì zhè gè shì jiè néng gòu tí gōng de zhǔ yào xìng fú。
希望本身是一种幸福，也许还是这个世界能够提供的主要幸福。

sài miù ěr · yuē hàn xùn
——塞缪尔·约翰逊

rén men duì dài xī wàng yīng dāng xiàng duì dài xùn yǎng de jiā qín： jiǎn duàn tā men de chì bǎng， hǎo ràng tā men bú yào fēi guò qiáng tóu。
人们对待希望应当像对待驯养的家禽：剪断它们的翅膀，好让它们不要飞过墙头。

hā lì fǎ kè sī
——哈利法克斯

xìng yùn de bú shì shǐ zhōng qù zuò nǐ suǒ xī wàng zuò de shì， ér shì shǐ zhōng xī wàng dá dào nǐ suǒ zuò de shì qing de mù dì。
幸运的不是始终去做你所希望做的事，而是始终希望达到你所做的事情的目的。

tuō ěr sī tài
——托尔斯泰

wèi le qǔ dé qián jìn de lì liàng， wǒ men jiù bì xū huái
为了取得前进的力量，我们就必须怀

bào dá dào yí gè lè tǔ de xī wàng
抱达到一个乐土的希望。

tuō ěr sī tài
——托尔斯泰

bú yào yīn wèi bù néng shǐ bié rén chéng wéi nǐ xī wàng de nà yàng ér shēng qì, yīn wèi nǐ yě bù néng shǐ nǐ zì jǐ chéng wéi nǐ xī wàng de mó fàn
不要因为不能使别人成为你希望的那样而生气，因为你也不能使你自己成为你希望的模范。

tuō mǎ sī
——托马斯

李白，字太白，号青莲居士。唐朝诗人。

cháng fēng pò làng huì yǒu shí, zhí guà yún fān jì cāng hǎi
长风破浪会有时，直挂云帆济沧海。

lǐ bái
——李白

dāng wǒ men zì yǐ wéi dá dào le wǒ men suǒ xī wàng de mù dì de shí hou, nà qià qià shì lí wǒ men de xī wàng zuì yuǎn de shí hou
当我们自以为达到了我们所希望的目的的时候，那恰恰是离我们的希望最远的时候。

gē dé
——歌德

xī wàng shì bú xìng zhě de wéi yī yào ěr
希望是不幸者的唯一药饵。

shā shì bǐ yà
——莎士比亚

méi yǒu xī wàng biàn méi yǒu kǒng jù méi yǒu kǒng jù yě jiù bú huì yǒu xī wàng
没有希望便没有恐惧，没有恐惧也就不会有希望。

sī bīn nuò shā
——斯宾诺莎

yào xué hái zi men tā men cóng bù huái yí wèi lái de xī wàng
要学孩子们，他们从不怀疑未来的希望。

tài gē ěr
——泰戈尔

dāng tiān kōng zhōng chū xiàn wū yún de shí hou wǒ men jiù zhǐ chū zhè bú guò shì zàn shí de xiàn xiàng hēi àn jí jiāng guò qù shǔ guāng jí zài qián tóu
当天空中出现乌云的时候，我们就指出这不过是暂时的现象，黑暗即将过去，曙光即在前头。

máo zé dōng
——毛泽东

xī wàng běn shì wú suǒ wèi yǒu wú suǒ wèi wú de zhè zhèng rú dì shàng de lù qí shí dì shàng běn méi yǒu lù zǒu
希望本是无所谓有，无所谓无的。这正如地上的路：其实地上本没有路，走

de rén duō le yě biàn chéng le lù
的人多了，也便成了路。

lǔ xùn
——鲁迅

shí guāng
时光

nǐ rè ài shēng mìng ma nà me bié làng fèi shí jiān
你热爱生命吗？那么，别浪费时间，
yīn wèi shēng mìng shì yóu shí jiān zǔ chéng de
因为生命是由时间组成的。

fù lán kè lín
——富兰克林

èr shí suì shí qǐ zhī pèi zuò yòng de shì yì zhì sān shí
二十岁时起支配作用的是意志，三十
suì shí shì jī zhì sì shí suì shí shì pàn duàn
岁时是机智，四十岁时是判断。

fù lán kè lín
——富兰克林

jīn tiān de shì bú yào tuō dào míng tiān
今天的事不要拖到明天。

fù lán kè lín
——富兰克林

shí jiān jiù shì jīn qián
时间就是金钱。

fù lán kè lín
——富兰克林

xīn qín de mì fēng yǒng méi yǒu shí jiān bēi āi
辛勤的蜜蜂永没有时间悲哀。

bù lái kè
——布莱克

wǒ zǒu de hěn màn dàn shì wǒ cóng lái bú huì hòu tuì
我走得很慢，但是我从来不会后退。

lín kěn
——林肯

shì shàng zuì cōng míng de shì shí jiān yīn wèi tā bǎ yí qiè dōu bào lù zài guāng míng zhī xià
世上最聪明的是时间，因为它把一切都暴露在光明之下。

dì ōu gēn ní
——第欧根尼

shí jiān xiàng yí wèi shēng huó de yī shēng tā néng shǐ wǒ xīn líng de shāng kǒu yù hé shǐ jué wàng de tòng chǔ xiāo jiǎn shǐ mǒu xiē bù kě yì yù de gǎn qíng chén jì mò rán
时间，像一位生活的医生，它能使我心灵的伤口愈合，使绝望的痛楚消减，使某些不可抑御的感情沉寂、默然。

gǔ huá
——古华

shí jiān jiù shì xìng mìng wú duān de kōng hào bié rén de shí jiān qí shí wú yì yú móu cái hài mìng
时间就是性命。无端地空耗别人的时间，其实无异于谋财害命。

lǔ xùn
——鲁迅

jié shěng shí jiān yě jiù shì shǐ yí gè rén de yǒu xiàn de shēng mìng gèng jiā yǒu xiào ér yě jí děng yú yán cháng le rén de shēng mìng

节省时间，也就是使一个人的有限的生命，更加有效，而也即等于延长了人的生命。

lǔ xùn

——鲁迅

shí jiān jiù xiàng hǎi mián lǐ de shuǐ zhǐ yào yuàn yì jǐ zǒng hái shì yǒu de

时间就像海绵里的水，只要愿意挤，总还是有的。

lǔ xùn

——鲁迅

mò děng xián bái le shào nián tóu kōng bēi qiè

莫等闲，白了少年头，空悲切。

yuè fēi

——岳飞

xiǎng yào dǒng de jīn tiān jiù bì xū yán jiū zuó tiān

想要懂得今天，就必须研究昨天。

sài zhēn zhū

——赛珍珠

shèng nián bù chóng lái yí rì nán zài chén

盛年不重来，一日难再晨。

jí shí yí zì miǎn suì yuè bú dài rén
及时宜自勉，岁月不待人。

táo yuān míng
——陶渊明

yì nián zhī jì zài yú chūn yí rì zhī jì zài yú chén
一年之计在于春，一日之计在于晨。

xiāo yì
——萧绎

yí cùn guāng yīn yí cùn jīn cùn jīn nán mǎi cùn guāng yīn
一寸光阴一寸金，寸金难买寸光阴。

chén shī dào
——陈师道

luò rì wú biān jiāng bú jìn cǐ shēn cǐ rì gèng xū máng
落日无边江不尽，此身此日更须忙。

chén shī dào
——陈师道

wǒ yǐ wéi shì jiān zuì bǎo guì de jiù shì jīn zuì
我以为世间最宝贵的就是“今”，最
yì sàng shī de yě shì jīn yīn wèi tā zuì róng yì sàng shī
易丧失的也是“今”，因为它最容易丧失，
suǒ yǐ gèng jué de tā bǎo guì
所以更觉得它宝贵。

lǐ dà zhāo
——李大钊

huáng jīn shí dài zài wǒ men miàn qián ér bú zài wǒ men bèi hòu
黄金时代在我们面前而不在我们背后。

mǎ kè tǔ wēn
——马克·吐温

jīn tiān yīng gāi zuò de shì qing ér méi yǒu zuò, míng tiān qǐ
今天应该做的事情而没有做，明天起
zài zǎo yě méi yǒu yòng le.
再早也没有用了。

péi sī tài luò qí
——裴斯泰洛齐

jīn rì fù jīn rì, jīn rì hé qí shǎo! jīn rì yòu bù
今日复今日，今日何其少！今日又不
wéi, cǐ shì hé shí liǎo? rén shēng bǎi nián jǐ jīn rì, jīn rì
为，此事何时了？人生百年几今日，今日
bù wéi zhēn kě xī! ruò yán gū dài míng zhāo zhì, míng zhāo yòu
不为真可惜！若言姑待明朝至，明朝又
yǒu míng zhāo shì. wèi jūn liáo fù 《jīn rì》 shī, nǔ lì qǐng
有明朝事。为君聊赋《今日》诗，努力请
cóng jīn rì shǐ.
从今日始。

wén jiā
——文嘉

shí jiān de bù fá yǒu sān zhǒng: wèi lái shān shān lái chí,
时间的步伐有三种：未来姗姗来迟，
xiàn zài xiàng jiàn yì bān fēi shì, guò qù yǒng yuǎn jìng lì bú dòng.
现在像箭一般飞逝，过去永远静立不动。

xí lè
——席勒

hé lǐ ān pái shí jiān jiù shì jié yuē shí jiān.
合理安排时间就是节约时间。

péi gēn
——培根

lì shǐ jù lún fēi zhuàn fēn fēn miǎo miǎo de shí jiān dōu shí
历史巨轮飞转，分分秒秒的时间都十
fēn bǎo guì yě dú jù yì yì
分宝贵，也独具意义。

ní kè sōng
——尼克松

pǔ tōng rén zhǐ xiǎng dào rú hé dù guò shí jiān yǒu cái néng
普通人只想到如何度过时间，有才能
de rén shè fǎ lì yòng shí jiān
的人设法利用时间。

shū běn huá
——叔本华

bié kū qì bié tàn xī bié shēn yín bēi shāng huàn bù
别哭泣，别叹息，别呻吟；悲伤换不
huí liú shì de shí guāng
回流逝的时光。

fú lái chè
——弗莱彻

zhǐ yào wǒ men néng shàn yòng shí jiān jiù yǒng yuǎn bù chóu shí
只要我们能善用时间，就永远不愁时
jiān bú gòu yòng
间不够用。

gē dé
——歌德

wàng diào jīn tiān de rén jiāng bèi míng tiān wàng diào
忘掉今天的人将被明天忘掉。

gē dé
——歌德

zài jīn tiān hé míng tiān zhī jiān
在今天和明天之间，
yǒu yí duàn hěn cháng de shí jiān chèn
有一段很长的时间；趁
nǐ hái yǒu jīng shen de shí hou xué
你还有精神的时候，学
xí xùn sù bàn shì
习迅速办事。

gē dé
——歌德

海伦·凯勒，19世纪美国盲聋女作家、教育家、慈善家、社会活动家。

rén shēng kǔ duǎn ruò xū dù nián huá zé duǎn zàn de rén
人生苦短，若虚度年华，则短暂的人
shēng jiù tài cháng le
生就太长了。

shā shì bǐ yà
——莎士比亚

wǒ huāng fèi le shí jiān shí jiān biàn bǎ wǒ huāng fèi le
我荒废了时间，时间便把我荒废了！

shā shì bǐ yà
——莎士比亚

fàng qì shí jiān de rén shí jiān yě fàng qì tā
放弃时间的人，时间也放弃他。

shā shì bǐ yà
——莎士比亚

bǎ huó zhe de měi yì tiān kàn zuò shēng mìng de zuì hòu yì tiān
把活着的每一天看作生命的最后一天。

hǎi lún kǎi lè
——海伦·凯勒

shí jiān shì yí gè wěi dà de zuò zhě tā huì gěi měi gè
时间是一个伟大的作者，它会给每个
rén xiě chū wán měi de jié jú lái
人写出完美的结局来。

zhuó bié lín
——卓别林

zuó tiān shì yì zhāng zuò fèi de zhī piào míng tiān shì yì zhāng
昨天是一张作废的支票，明天是一张
qī piào ér jīn tiān zé shì nǐ wéi yī yōng yǒu de xiàn jīn
期票，而今天则是你唯一拥有的现金——
suǒ yǐ yīng dāng cōng míng de bǎ wò
所以应当聪明地把握。

lǐ fú lǐ qí
——里弗里奇

rén kě yǐ zài yì xiǎo shí nèi huǐ diào zì jǐ yí bèi zi
人可以在一小时内毁掉自己一辈子
de xīn xuè
的心血。

tuō fù lè
——托·富勒

wǒ men de guò qù bú fù cún zài wǒ men de wèi lái bú
我们的过去不复存在，我们的未来不
jiàn zōng yǐng suǒ yǐ wǒ men bú bì wèi guò qù hé wèi lái ér
见踪影；所以我们不必为过去和未来而
chóu kǔ wǒ men zhǐ xū zhēn shí de huó zài xiàn shí lǐ
愁苦，我们只需真实地活在现实里。

yà lán
——亚兰

méi yǒu fāng fǎ néng shǐ shí jiān wèi wǒ qiāo yǐ guò qù le de zhōng diǎn
没有方法能使时间为我敲已过去了的钟点。

bài lún
——拜伦

shí jiān jiù shì néng lì děng děng fā zhǎn de dì pán
时间就是能力等等发展的地盘。

mǎ kè sī
——马克思

rèn hé jié yuē guī gēn dào dǐ shì shí jiān de jié yuē
任何节约归根到底是时间的节约。

mǎ kè sī
——马克思

rén de quán bù běn lǐng wú fēi shì nài xīn hé shí jiān de hùn hé wù
人的全部本领无非是耐心和时间的混合物。

bā ěr zhā kè
——巴尔扎克

qín fèn
勤奋

cōng míng chū yú qín fèn tiān cái zài yú jī lěi
聪明出于勤奋，天才在于积累。

huà luó gēng
——华罗庚

yè jīng yú qín ér huāng yú xī xíng chéng yú sī ér huǐ yú suí
业精于勤而荒于嬉，行成于思而毁于随。

hán yù
——韩愈

rén shēng zài qín bù suǒ hé huò
人生在勤，不索何获？

zhāng héng
——张衡

rén de dà nǎo hé zhī tǐ yí yàng duō yòng zé líng bú yòng zé fèi
人的大脑和肢体一样，多用则灵，不用则废。

máo yǐ shēng
——茅以升

duì gǎo kē xué de rén lái shuō qín fèn jiù shì chéng gōng zhī mǔ
对搞科学的人来说，勤奋就是成功之母！

máo yǐ shēng
——茅以升

fán rén biàn shì shēng zhī zhī zī yě xū xià kùn xué miǎn xíng de gōng fu fāng dé
凡人便是生知之资，也须下困学勉行的工夫方得。

zhū xī
——朱熹

请将不干胶对号入座，贴在正文中相应的位置。

托马斯·杰弗逊

爱因斯坦

蒙田

三毛

里根

巴甫洛夫

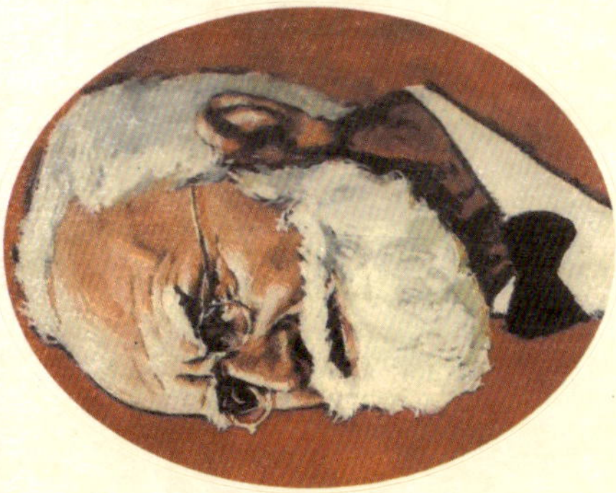

李白

海伦·凯勒

宋庆龄

yào xiǎng zài zhé xué zhōng huò dé liáng hǎo de chéng jì wéi yī
要想在哲学中获得良好的成绩，唯一
de bàn fǎ jiù shì jìn xíng shì yàn
的办法就是进行试验。

shèng xī mén
——圣西门

chéng gōng jiān kǔ láo dòng zhèng què fāng fǎ shǎo shuō
成功＝艰苦劳动＋正确方法＋少说
kōng huà
空话。

ài yīn sī tǎn
——爱因斯坦

qín láo shì xìng fú de yòu shǒu jié jiǎn shì tā de zuǒ shǒu
勤劳是幸福的右手，节俭是她的左手。

yuē hàn léi
——约翰·雷

tiān cái jiù shì wú zhǐ jìng kè kǔ qín fèn de néng lì
天才就是无止境刻苦勤奋的能力。

kǎ lái ěr
——卡莱尔

qín láo yí rì kě dé yí yè ān mián qín láo yì shēng
勤劳一日，可得一夜安眠；勤劳一生，
kě dé xìng fú cháng mián
可得幸福长眠。

dá fēn qí
——达·芬奇

rèn hé shū hū de líng gǎn shì shí shàng dōu bù néng dài tì
任何倏忽的灵感，事实上都不能代替

cháng qī de gōng fu
长期的工夫。

luó dān
——罗丹

nǐ bù néng shē wàng tóng shí shì wěi dà de ér yòu shì shū shì de
你不能奢望同时是伟大的而又是舒适的。

bā lí
——巴里

qín láo zhēng fú yí qiè
勤劳征服一切。

fú jí ěr
——弗吉尔

méi yǒu rèn hé dòng wù bǐ mǎ yǐ gèng qín fèn rán ér tā què zuì chén mò guǎ yán
没有任何动物比蚂蚁更勤奋，然而它却最沉默寡言。

fù lán kè lín
——富兰克林

láo dòng
劳动

zhǐ yǒu rén de láo dòng cái shì shén shèng de
只有人的劳动才是神圣的。

gāo ěr jī
——高尔基

duì rén lái shuō shì yè shì lán gān wǒ men fú zhe tā
对人来说，事业是栏杆，我们扶着它
zài shēn yuān de biān yán shàng zǒu lù
在深渊的边沿上走路。

gāo ěr jī
——高尔基

rè ài láo dòng ba méi yǒu yì
热爱劳动吧，没有一
zhǒng lì liàng néng xiàng láo dòng jí hé
种力量能像劳动，集合
jí tǐ yǒu ài zì yóu de láo dòng
集体、友爱、自由的劳动
de lì liàng nà yàng shǐ rén chéng wéi wěi
的力量那样使人成为伟
dà hé cōng míng de rén
大和聪明的人。

gāo ěr jī
——高尔基

wǒ men shì jiè shàng zuì měi hǎo de dōng xi dōu shì yóu láo
我们世界上最美好的东西，都是由劳
dòng yóu rén de cōng míng de shǒu chuàng zào chū lái de
动、由人的聪明的手创造出来的。

gāo ěr jī
——高尔基

wǒ men zài wǒ men de láo dòng guò chéng zhōng xué xí sī kǎo
我们在我们的劳动过程中学习思考，
láo dòng de jié guǒ ràng wǒ men rèn shi le shì jiè de ào miào
劳动的结果，让我们认识了世界的奥妙，

yú shì wǒ men jiù zhēn zhèng lái gǎi biàn shēng huó le
于是我们就真正来改变生活了。

gāo ěr jī
——高尔基

zài zhòng shì láo dòng hé zūn jìng láo dòng zhě de jī chǔ shàng wǒ men yǒu kě néng lái chuàng zào zì jǐ xīn de dào dé láo dòng hé kē xué shì shì jiè shàng zuì wěi dà de liǎng zhǒng lì liàng
在重视劳动和尊敬劳动者的基础上，我们有可能来创造自己新的道德。劳动和科学是世界上最伟大的两种力量。

gāo ěr jī
——高尔基

wǒ zhī dào shén me shì láo dòng láo dòng shì shì jiè shàng yí qiè huān lè hé yí qiè měi hǎo shì qing de yuán quán
我知道什么是劳动：劳动是世界上一切欢乐和一切美好事情的源泉。

gāo ěr jī
——高尔基

láo dòng shǐ rén jiàn lì duì zì jǐ de lǐ zhì lì liàng de xìn xīn
劳动使人建立对自己的理智力量的信心。

gāo ěr jī
——高尔基

gōng zuò jiù shì huǒ bàn
工作就是伙伴。

gē dé
——歌德

yì zhuāng shì néng gòu zuò shàng liǎng huí yí qiè jiù huì zhōu dào
一桩事能够做上两回，一切就会周到
wán měi
完美。

gē dé
——歌德

yí gè yǒu zhēn zhèng dà cái néng de rén huì zài gōng zuò guò
一个有真正大才能的人会在工作过
chéng zhōng gǎn dào zuì gāo dù de kuài lè
程中感到最高度的快乐。

gē dé
——歌德

láo dòng kě yǐ shǐ wǒ men bǎi tuō sān dà zāi huò jì
劳动可以使我们摆脱三大灾祸：寂
mò è xí pín kùn
寞、恶习、贫困。

gē dé
——歌德

fán shì bù láo dòng de rén bì rán huì xiāo miè bì rán
凡是不劳动的人，必然会消灭，必然
huì biàn chéng wú yòng yǔ fáng ài de dōng xi bèi rén pāo qì bì
会变成无用与妨碍的东西，被人抛弃，必
rán huì bǎ wèi zhì ràng gěi bì yào de bù kě huò quē de láo
然会把位置让给必要的、不可或缺的劳
dòng zhě
动者。

zuǒ lā
——左拉

bǎ láo dòng kàn zuò quán lì， qù rè ài tā。 qín láo yuǎn bǐ huáng jīn kě guì。
把劳动看作权利，去热爱它。勤劳远比黄金可贵。

——sà dí
——萨迪

wán shàn de xīn rén yīng gāi shì zài láo dòng zhī zhōng hé wèi le láo dòng ér péi yǎng qǐ lái de。
完善的新人应该是在劳动之中和为了劳动而培养起来的。

——ōu wén
——欧文

jì rán sī xiǎng cún zài yú láo dòng zhī zhōng， rén jiù yào kào láo dòng ér shēng cún。
既然思想存在于劳动之中，人就要靠劳动而生存。

——sū huò mǔ lín sī jī
——苏霍姆林斯基

tǐ lì láo dòng shì fáng zhǐ yí qiè shè huì bìng dú de wěi dà de xiāo dú jì。
体力劳动是防止一切社会病毒的伟大的消毒剂。

——mǎ kè sī
——马克思

gōng zuò shí wàn wú yì shī bǐ chī hòu huǐ yào yào hǎo de duō。
工作时万无一失比吃后悔药要好得多。

——bā dùn
——巴顿

kāi duān wǎng wǎng shì zhěng gè gōng zuò zhōng zuì zhòng yào de bù fen
开端往往是整个工作中最重要的部分。

bó lā tú
——柏拉图

zài rén de shēng huó zhōng zuì zhǔ yào de shì láo dòng xùn liàn
在人的生活中最主要的是劳动训练。
méi yǒu láo dòng jiù bù kě néng yǒu zhèngcháng de rén de shēng huó
没有劳动就不可能有正常的人的生活。

lú suō
——卢梭

láo dòng shì shè huì zhōng měi gè rén bù kě bì miǎn de yì wù
劳动是社会中每个人不可避免的义务。

lú suō
——卢梭

láo dòng shì kuài huo de gēn yuán
劳动是快活的根源。

fú ěr tài
——伏尔泰

shuí kěn rèn zhēn de gōng zuò shuí jiù néng zuò chū xǔ duō chéng jì jiù néng chāo qún chū zhòng
谁肯认真地工作，谁就能做出许多成绩，就能超群出众。

ēn gé sī
——恩格斯

dāng yí gè rén zài shēn sī de shí hou tā bìng bú shì zài
当一个人在深思的时候，他并不是在

xián zhe yǒu kàn de jiàn de láo dòng yě yǒu kàn bú jiàn de
闲着。有看得见的劳动，也有看不见的
láo dòng
劳动。

yǔ guǒ
——雨果

zhǐ yǒu zài xīn de shè huì tiáo jiàn xià láo dòng cái néng cóng
只有在新的社会条件下劳动才能从
fán zhòng de fù dān zhuǎn biàn chéng qīng sōng ér yú kuài de shēng lǐ yāo
繁重的负担转变成轻松而愉快的生理要
qiú de mǎn zú
求的满足。

chē ěr ní xuě fū sī jī
——车尔尼雪夫斯基

cóng kē xué yuán dì cǎi shōu de guǒ shí rú tóng nóng rén de
从科学园地采收的果实，如同农人的
shōu huò yí yàng chángcháng shì gōng zuò yǔ xìng yùn hé yǒu lì de
收获一样，常常是工作与幸运和有利的
qíng shì de gòng tóng chǎn wù
情势的共同产物。

bèi qí lǐ wū sī
——贝齐里乌斯

suǒ yǒu xiàn cún de hǎo dōng xi dōu shì chuàng zào de guǒ shí
所有现存的好东西都是创造的果实。

mǐ ěr
——米尔

lǎn duò xiàng shēng xiù yí yàng bǐ cāo láo gèng néng xiāo hào shēn
懒惰像生锈一样，比操劳更能消耗身

tǐ jīng cháng yòng de yào shi zǒng shì liàng shǎn shǎn de
体，经常用的钥匙，总是亮闪闪的。

fù lán kè lín
——富兰克林

láo dòng shì rén lèi de mìng yùn
劳动是人类的命运。

hé mǎ
——荷马

yì láo yǒng yì de huà yǒu shì yǒu de ér yì láo yǒng yì de shì què jí shǎo
“一劳永逸”的话，有是有的，而“一劳永逸”的事却极少……

lǔ xùn
——鲁迅

zhī shi shì cóng kè kǔ láo dòng zhōng dé lái de rèn hé chéng jiù dōu shì kè kǔ láo dòng de jié guǒ
知识是从刻苦劳动中得来的，任何成就都是刻苦劳动的结果。

sòng qìng líng
——宋庆龄

宋庆龄，孙中山的妻子，被尊称为“国母”。中华人民共和国名誉主席。

yīng gāi jì zhù wǒ men de shì yè xū yào de shì shǒu ér bú shì zuǐ
应该记住，我们的事业，需要的是手，而不是嘴。

tóng dì zhōu
——童第周

wǒ jué de rén shēng qiú lè de fāng fǎ，zuì hǎo mò guò yú
我觉得人生求乐的方法，最好莫过于
zūn zhòng láo dòng。yí qiè lè jìng，dōu kě yóu láo dòng dé lái，
尊重劳动。一切乐境，都可由劳动得来，
yí qiè kǔ jìng，dōu kě yóu láo dòng jiě tuō。
一切苦境，都可由劳动解脱。

lǐ dà zhāo
——李大钊

cóng cǐ wǒ bú zài yǎng liǎn kàn qīng tiān，bú zài dī tóu kàn
从此我不再仰脸看青天，不再低头看
bái shuǐ，zhǐ jǐn shèn zhe wǒ shuāngshuāng de jiǎo bù，wǒ yào yí
白水，只谨慎着我双双的脚步，我要一
bù yí bù tà zài ní tǔ shàng，dǎ shàng shēn shēn de jiǎo yìn！
步一步踏在泥土上，打上深深的脚印！

zhū zì qīng
——朱自清

shè huì zhǔ yì zhì dù de jiàn lì gěi wǒ men kāi pì le
社会主义制度的建立给我们开辟了
yì tiáo dào dá lǐ xiǎng jìng jiè de dào lù，ér lǐ xiǎng jìng jiè
一条到达理想境界的道路，而理想境界
de shí xiàn hái yào kào wǒ men de xīn qín láo dòng。
的实现还要靠我们的辛勤劳动。

máo zé dōng
——毛泽东

péi yù néng lì de shì bì xū chí xù bú duàn de qù zuò，
培育能力的事必须持续不断地去做，
yòu bì xū suí shí gǎi shàn xué xí fāng fǎ，tí gāo xué xí xiào
又必须随时改善学习方法，提高学习效

lǜ cái huì chéng gōng
率，才会成功。

yè shèng táo
——叶圣陶

zuò shì bù zhǐ shì rén jia yào wǒ zuò cái zuò ér shì
做事，不只是人家要我做才做，而是
rén jia méi yào wǒ zuò yě zhēng zhe qù zuò zhè yàng cái zuò
人家没要我做也争着去做。这样，才做
de yǒu qù wèi yě jiù huì yǒu shōu huò
得有趣味，也就会有收获。

xiè jué zāi
——谢觉哉

wén huà yuè gāo láo dòng yuè shòu zhòng shì
文化越高，劳动越受重视。

luó xuě ěr
——罗雪尔

lín yuān xiàn yú bù rú tuì ér jié wǎng
临渊羡鱼不如退而结网。

bān gù
——班固

zài láo lì shàng láo xīn shì yí qiè fā míng zhī mǔ shì
在劳力上劳心，是一切发明之母。事
shì zài láo lì shàng láo xīn biàn kě dé shì wù zhī zhēn lǐ
事在劳力上劳心，便可得事物之真理。

táo xíng zhī
——陶行知

láo dòng shì cháng mìng bǎi suì de yì shù de bì yào tiáo jiàn
劳动是长命百岁的艺术的必要条件

zhī yī
之一。

shě fū léi ěr
——舍夫雷尔

líng gǎn shì yóu yú wán qiáng de láo dòng ér huò dé de
灵感，是由于顽强地劳动而获得的
jiǎng shǎng
奖赏。

liè bīn
——列宾

chí xù bú duàn de láo dòng
持续不断的劳动，
shì rén shēng de tiě lǜ yě shì yì
是人生的铁律，也是艺
shù de tiě lǜ
术的铁律。

bā ěr zhā kè
——巴尔扎克

yǒu zǒng shì cóng wú kāi shǐ de shì kào liǎng zhī shǒu hé yí
有总是从无开始的，是靠两只手和一
gè cōng míng de nǎo dai biàn chū lái de
个聪明的脑袋变出来的。

sōng sū nèi jí
——松苏内吉

láo dòng shì rén lèi cún zài de jī chǔ hé shǒu duàn shì yí
劳动是人类存在的基础和手段，是一
gè rén zài tǐ gé zhì huì hé dào dé shàng zhēn yú wán shàn de
个人在体格、智慧和道德上臻于完善的

源泉。

——乌申斯基

如果你能成功地选择劳动，并把自己的全部精神灌注到它里面去，那么幸福本身就会找到你。

——乌申斯基

劳动是财富之父，土地是财富之母。

——威廉·配第

劳动永远是人类生活的基础，是创造人类文化幸福的基础。

——马卡连柯

正是劳动本身构成了你追求的幸福的主要因素，任何不是靠辛勤努力而获得的享受，很快就会变得枯燥无聊，索然

wú wèi
无味。

xiū mó
——休谟

yào gōng zuò yào qín láo láo zuò shì zuì kě kào de cái
要工作，要勤劳；劳作是最可靠的财
fù
富。

lā fēng dān
——拉·封丹

yí qiè dōu kào yì zhāng zuǐ lái zuò ér sī háo bù shí gàn
一切都靠一张嘴来做而丝毫不实干
de rén shì xū wěi hé jiǎ rén jiǎ yì de
的人，是虚伪和假仁假义的。

dé mó kè lì tè
——德谟克利特

bù tíng liú zài yǐ dé de chéng jì shàng ér shì yīng yǒng de
不停留在已得的成绩上，而是英勇地
láo dòng zhe nǔ lì bǎ láo dòng de jǐn biāo cháng jiǔ de wò zài
劳动着，努力把劳动的锦标长久地握在
zì jǐ shǒu lǐ
自己手里。

ào sī tè luò fū sī jī
——奥斯特洛夫斯基

rú guǒ ràng ér tóng zì jǐ suí xīn suǒ yù de qù zuò shén
如果让儿童自己随心所欲地去做什
me ér bú qù láo dòng tā men jiù jì xué bú huì wén xué
么，而不去劳动，他们就既学不会文学，

也学不会音乐，也学不会体育，也学不会那保证道德达到最高峰的礼仪。

——德谟克利特

我毕生都热爱脑力劳动和体力劳动，也许甚至说，我更热爱体力劳动。当在体力劳动内加入任何优异的悟性，即手脑相结合在一起的时候，我就更感觉满意了。

——巴甫洛夫

巴甫洛夫，俄罗斯生理学家、心理学家、医师。

爱劳动是共产主义道德主要成分之一。但只有在工人阶级获得胜利以后，人类生活不可缺少的条件——劳动，才不会是沉重而可耻的负

dān ér chéng wéi róng yù hé yīng yǒng de shì yè
担，而成为荣誉和英勇的事业。

jiā lǐ níng
——加里宁

méi yǒu wán qiáng de xì xīn de láo dòng jí shǐ shì yǒu cái
没有顽强的细心的劳动，即使是有才
huá de rén yě huì biàn chéng xiù huā zhěn tou shì de wú yòng de wán
华的人也会变成绣花枕头似的无用的玩
wù
物。

sī tǎn ní sī lā fū sī jī
——斯坦尼斯拉夫斯基

shì jiān méi yǒu yì zhǒng jù yǒu zhēn zhèng jià zhí de dōng xi
世间没有一种具有真正价值的东西，
kě yǐ bù jīng guò jiān kǔ xīn qín láo dòng ér néng gòu dé dào de
可以不经过艰苦辛勤劳动而能够得到的。

ài dí shēng
——爱迪生